*Un té
en el
SAVOY*

Màrius Carol

Un té en el SAVOY

Juan Carlos y Sofía:
50 años de amor, profesionalidad
y servicio a España

la esfera de los libros

Primera edición: marzo de 2012

Cualquier forma de reproducción, distribución, comunicación pública o transformación de esta obra solo puede ser realizada con la autorización de sus titulares, salvo excepción prevista por la ley. Diríjase a CEDRO (Centro Español de Derechos Reprográficos) si necesita fotocopiar o escanear algún fragmento de esta obra (*www.conlicencia.com*; 91 702 19 70 / 93 272 04 47).

© Màrius Carol Pañella, 2012
Derechos cedidos a través de Silvia Bastos, S.L., Agencia Literaria
© Del prólogo: José Cusí, 2012
© La Esfera de los Libros, S.L., 2012
Avenida de Alfonso XIII, 1, bajos
28002 Madrid
Tel.: 91 296 02 00 • Fax: 91 296 02 06
www.esferalibros.com

Fotografías de interior: Agencia EFE, Getty Images, *El Mundo*/Julián Jaén, *El Mundo*/Antonio Heredia y archivo particular
ISBN: 978-84-9970-315-2
Depósito legal: M. 2.742-2012
Fotocomposición: J.A. Diseño Editorial, S.L.
Fotomecánica: Unidad Editorial
Imposición y filmación: Preimpresión 2000
Impresión: Cofás
Encuadernación: De Diego
Impreso en España-*Printed in Spain*

Índice

Prólogo. La firmeza en el timón, por José Cusí 11

Capítulo 1. Agamenón sin el porquero, pero
 con los vástagos de las familias reales 13
Capítulo 2. El enlace del duque de Kent, cuando
 el protocolo hizo bien las cosas 27
Capítulo 3. La solución vaticana a la boda griega 39
Capítulo 4. Luna de miel por Oriente con final
 sin almíbar con los Kennedy 51
Capítulo 5. El nacimiento de Elena: cuando don Juan
 y doña María no pudieron pisar Madrid 59
Capítulo 6. La joven pareja ante el desafío
 del candidato Alfonso de Borbón 67
Capítulo 7. La angustia de Juan Carlos ante el golpe
 en Grecia con Sofía en Tatoi 77
Capítulo 8. A la tercera fue un niño 83
Capítulo 9. La agria discusión por el trono en Estoril . 89
Capítulo 10. La soledad de la pareja en el tiempo
 de espera 99
Capítulo 11. Los reyes ocupan el trono o cómo sobrevivir
 a una Transición sin manual de instrucciones 111

Capítulo 12. El rey marcó el rumbo de la Transición sin
    piloto automático 123
Capítulo 13. La noche más larga en el palacio
    de La Zarzuela 137
Capítulo 14. La carta del republicano Felipe González
    que el rey leyó a su familia 149
Capítulo 15. El agradecimiento del rey a la reina
    en el brindis de la boda de la infanta en Sevilla ... 159
Capítulo 16. El príncipe impone su criterio
    en su boda con Letizia 171
Capítulo 17. Medio siglo después: dos personalidades
    y un destino 181

Epílogo. La monarquía parlamentaria más allá de
    Juan Carlos y Sofía 193
Bibliografía 199
Índice onomástico 201

Prólogo
LA FIRMEZA EN EL TIMÓN

Conocí a la reina antes que al rey. Fue durante los Juegos Olímpicos de 1960, que se celebraron en Roma. La entonces princesa Sofía era reserva del equipo de vela, al frente del cual estaba su hermano Constantino, que conseguiría la medalla de oro. Yo iba de suplente del equipo de tiro al plato, así que desfilé en el estadio olímpico y, por aquellas casualidades, pude saludarla e incluso hacerme una foto con ella, que llevo días buscando por casa. Era una muchacha algo tímida, pero encantadora. Alguna vez me he permitido bromear con el rey, diciéndole que la conocí antes que él. Con los años he podido tratarla y debo reconocer que es una mujer inteligente, agradable y con mucha personalidad y entereza. Es una gran dama y sabe ser una gran reina.

A don Juan Carlos me lo presentaron en mi ciudad, Barcelona. Él venía a menudo para ultimar su preparación para los Juegos de Múnich; yo dedicaba mi tiempo libre a entrenarme para la competición de tiro, después de haber competido cuatro años antes en México. Al final me clasifiqué tercero y, como solo podían ir dos tiradores por país, no fui a la capital bávara. A la vuelta de los Juegos, el entonces príncipe me animó a dedicarme a la vela. Yo siempre he sido una persona muy deportiva, pues he practicado la natación, el waterpolo, el submarinismo, la caza... Así que no le costó demasiado convencerme para que probara la vela. A su regreso empezamos a competir en barcos distintos, en la clase Half-Ten: su embarcación se llamaba *Shere-Kan*, como el majestuoso tigre de *El libro de la selva* de Kipling; la mía *Bribón*, por aquello de que en el mar hay que ser un poco pillo. Así que, aunque mucha gente no lo sepa, el rey compitió unos meses contra el *Bribón*. La verdad es que nuestra rivalidad animó a otros navegantes a regatear. Un día me sugirió que navegáramos juntos, y en el segundo *Bribón* don Juan Carlos ya iba a la caña y yo figuraba como armador. Desde entonces he tenido el honor de navegar con el rey, y sobre todo he tenido la oportunidad de conocerlo como persona.

Pienso que hemos sido un país afortunado al poder disponer de una figura como don Juan Carlos, que supo cambiar el rumbo del país. En el mar es donde más se conoce a las personas y debo decir que en el barco es uno más —claro que intimida al tripulante que lo ve por primera vez—, tiene una conexión tan fácil con el equipo que pronto lo considera un navegante del grupo. Resulta una persona abierta, cordial, divertida, que sabe generar un buen clima; pero, a la vez, es un deportista esforzado, ambicioso, responsable y exigente. En una ocasión se hirió en un dedo durante una regata, al engancharlo con una cuerda, y empezó a sangrar. Todos nos miramos, sin saber qué hacer. Y él protestó con una sonrisa en los labios: «¿Qué miráis? Traed tiritas, curadme. ¿A qué esperáis, a que salga la sangre azul?».

Viendo la firmeza con que ha llevado el timón del *Bribón* y el espíritu de convivencia que ha sabido generar a su alrededor, estoy convencido de que, si no hubiera sido rey, habría sido un gran empresario. O, si se prefiere, un líder en aquello a que se hubiera dedicado. Su liderazgo lo ha puesto de manifiesto todos estos años contribuyendo a convertir a España en una democracia, oponiéndose a los golpistas del 23-F, entendiéndose con la derecha y la izquierda en su alternancia en el poder, manteniendo muy alta la imagen del país en el mundo. Y hemos tenido la suerte de que uniera su vida a la reina Sofía, que ha sabido estar siempre a su lado, apoyándole, aconsejándole, formando un gran equipo, prestigiando una institución como la corona, que hoy es querida en España y admirada en el mundo.

Para mí ha sido un honor gozar del afecto de los reyes y haber compartido muchos momentos especiales con ellos todos estos años. Esos cincuenta años juntos, como reflejan estas páginas, son la demostración del acierto que han tenido en el desempeño de eso que don Juan Carlos ha calificado alguna vez como «el oficio de rey».

JOSÉ CUSÍ

Capítulo 1

AGAMENÓN SIN EL PORQUERO, PERO CON LOS VÁSTAGOS DE LAS FAMILIAS REALES

*E*l armador griego Eugenios Eugenidis, propietario de la naviera Scandinavian Near East Agency, había decidido establecer una conexión con Norteamérica y una línea regular con Sudamérica, en los primeros meses de 1953. Para ello adquirió nuevos barcos, uno de los cuales quiso que llevara el nombre de la reina Federica, a quien conocía bien por haberla tratado durante su exilio en Sudáfrica, tras la invasión de Grecia por las tropas de Mussolini y los posteriores bombardeos sobre la ciudad de Atenas, en abril de 1941. El naviero era un hombre que sobrepasaba la frontera de los sesenta y que se había encariñado con su hijo Constantino, a quien todos llamaban Tino, en los largos días de su confinamiento en una elegante urbanización de Ciudad del Cabo. Eugenidis le traía a menudo juguetes, pero sobre todo le explicaba historias de sus múltiples viajes por el mundo, que el pequeño escuchaba embobado. Para Tino, la visita del armador era una fiesta: la relación llegó a resultar tan estrecha que, antes de regresar a Grecia coincidiendo con el final de la guerra, le pidió a la reina, como recuerdo de tantas tardes compartidas, un par de zapatitos del príncipe, que Federica cedió gustosamente.

Años después, Eugenidis visitó a la soberana en su residencia real de Tatoi para ofrecerle la posibilidad de que fuera la madrina del que iba a ser su navío más imponente, que se estaba construyendo en unos astilleros cercanos a la ciudad de Atenas. Federica aceptó gustosa y aprovechó la complicidad que tenía con el armador para plantearle a cambio un regalo un tanto especial: «Ya sé que en estos casos es costumbre regalar un broche de brillantes en señal de agradecimiento, pero yo preferiría como obsequio que organizara un crucero, al que me gustaría invitar a todas las familias reales de Europa».

El empresario se sorprendió ante la ocurrencia, si bien pensó que el viaje podía convertirse en la mejor publicidad para la monarquía, para Grecia y también para su compañía. Así que se pasó la mano por la sien, se quedó mirando fijamente a Federica y le respondió: «Si eso es lo que Su Majestad desea, nada me satisfará más que complacerla». La reina le pidió unos días de discreción, pues deseaba la aprobación de su esposo, el rey Pablo y, como no podía ser menos, del primer ministro Aléxandros Papagos. El jefe del Ejecutivo era un monárquico convencido que no iba a poner ningún reparo, pero había que guardar las formas. Papagos resultaba un político venerado en el país, pues se le consideraba un héroe de guerra ya que fue hecho prisionero y tomado como rehén por los alemanes. A menudo, la prensa le comparaba con el general De Gaulle. En 1952, tras formar un partido al que llamó Unión Helénica, ganó ampliamente las elecciones. El armador prometió no comentar su proposición con nadie hasta que tuviera el visto bueno de las autoridades. Antes de marcharse, Eugenidis le comentó que aquellos zapatitos de Tino, que se había llevado de recuerdo cuando regresó de Sudáfrica, estaban colgados en la cabecera de su cama, a modo de amuleto real, y que le habían traído suerte. La reina sonrió ante la confidencia, aunque le pareció un tanto inquietante irse a dormir cada día con las botitas de un niño sobre la cabeza, como si se tratara de un exvoto de iglesia.

La soberana convenció al rey Pablo sin demasiados problemas, con el argumento de que solo un gran acontecimiento como ese crucero permitiría que el mundo volviera a pensar en Grecia como destino turístico. El país había quedado muy castigado tras la guerra, así que las comunicaciones resultaban bastante deficientes, pero en cambio el paisaje era excepcional y la historia del país podía considerarse única. Si se invitaba a la prensa internacional, seguro que responderían, pues el mundo quería olvidar miserias pasadas, la economía empezaba a remontar y las historias de príncipes y princesas eran devoradas con avidez en diarios y revistas. Federica recordaba que, un año antes, la reina Isabel II de Inglaterra había sido entronizada —los gastos gubernamentales costaron cuatro millones y medio de dólares, veinticinco veces más que lo que había gastado el erario público de Estados Unidos para la investidura del presidente Eisenhower aquel mismo año—, y la boda tuvo un tratamiento excepcional en los medios de comunicación, que no hicieron una sola recriminación al fenomenal dispendio. El primer ministro Papagos aún fue más fácil de convencer, ya que entendió de inmediato la publicidad para Grecia que iba a representar aquel crucero por las islas. Federica escribió en sus memorias: «En aquel tiempo todavía era yo muy popular entre la prensa mundial y podía realizar sin críticas lo que en otro momento podría haber sido objeto de polémicas».

La reina estaba preocupada por el hecho de que la nueva generación de herederos no se conocían, debido a que la guerra, y las estrecheces de la posguerra, habían imposibilitado que se relacionaran entre sí, a pesar de que la mayoría estaban emparentados. Muchos de aquellos jóvenes estaban llamados a influir en la nueva Europa que se estaba construyendo, y los reyes de Grecia, que contaban con el respaldo popular, podían servir de referencia para la nueva hornada de herederos al trono. La nueva generación de príncipes y princesas, unos de casas reales reinantes y otros de realeza en el exilio, iba a tener la oportunidad de conocerse, y quizás incluso de empezar una relación con perspectivas de boda, gracias a aquella iniciativa. Entre las obligaciones de las gentes de su condición figuraba la de casarse entre ellos para mantener la tradición de la realeza.

Los hijos de Pablo y Federica no estaban en edad de matrimoniar, lo que facilitaba que los reyes de Grecia pudieran ser los organizadores de tan singular crucero de diez días por las islas del Egeo, ya que nadie podía ver en ello un interés personal. En total, los viajeros del navío elegido por Eugenidis, al que había bautizado como *Agamenón*, igual que el más ilustre de los héroes griegos, eran ciento diez, de veinte nacionalidades, que hablaban quince idiomas distintos. El barco, de 5.500 toneladas, era de novísima construcción y cubría habitualmente la ruta regular entre Marsella y Oriente Próximo. Para esta ocasión, partiría de Nápoles durante el mes de agosto de 1954 e iría atracando en distintos puertos a fin de que los pasajeros pudieran hacer sus excursiones en tierra, mientras que por las noches habría siempre baile con orquesta, lo que permitiría que los contactos pudieran ser más fluidos y naturales. Solo los Saboya embarcaron más tarde, en Corfú, por no poder hacerlo en Italia. La prohibición de pisar el país a los miembros de su antigua Casa Real dictada tras la guerra por las autoridades italianas les evitó las angustias y mareos que padeció la mayoría de testas coronadas a causa del oleaje que les acompañó desde la partida de Nápoles hasta que alcanzaron el estrecho de Mesina. A partir de ahí, el tiempo y el estado de la mar mejoraron notablemente.

El crucero, vigilado de cerca por el destructor *Navarrinon* de la flota helénica, se caracterizó por la ausencia del protocolo, por la proscripción de la política y por la prohibición expresa de esmóquines y vestidos largos. Tampoco se dejó subir a bordo a ningún periodista, para no condicionar las casi dos semanas de navegación. Como curiosidad, a la hora de comer y cenar las parejas se elegían mediante un sorteo guiado, para que las mesas se formaran de manera totalmente aleatoria. No obstante, los más jóvenes se saltaron las reglas del juego porque compraban y vendían el puesto de sus parejas en función de sus gustos y afinidades. En sus memorias, la reina Federica cuenta que el único problema que hubo durante aquellos días en alta mar fue la imposibilidad de determinar la precedencia cuando había que cruzar una puerta, a causa de que a bordo iban la reina Juliana de Holanda, la reina Helena de Rumanía, la reina María José de Italia y la gran duquesa de Luxemburgo Josefina Carlota.

Entre los herederos presentes figuraban Sofía y Juan Carlos, que tenían la misma edad, dieciséis años. De hecho, habían pasado las normas de selección del encuentro, pues la edad mínima para subir a bordo del Agamenón eran los catorce años, que Constantino alcanzaba por los pelos, ya que los acababa de cumplir en junio, pero no su hermana Irene, que solo tenía doce. Sin embargo, fue admitida sin problemas porque los organizadores no estaban obligados a someterse a los mismos criterios que sus invitados. Sobre todo cuando eran, asimismo, los patrocinadores del evento. Por cierto, que el naviero Eugenidis cedió el barco para la ocasión y costeó la tripulación, pero además aportó 10.000 libras esterlinas para gastos, que en aquellos días resultaba una cantidad más que respetable.

Sofía era hija de un rey que a los seis meses de volver del exilio accedió al trono, al morir Jorge II de una trombosis coronaria. Sentía debilidad por su progenitor, al que se parecía mucho en su carácter. Era una muchacha seria, disciplinada, tenaz. Discretamente extrovertida a causa de su timidez, pero muy agradable en el trato. Hablaba griego e inglés. Le gustaba leer, escuchar música, bailar. Cuando subió al *Agamenón* llevaba tres años en una prestigiosa escuela de élite de Salem, que había sido fundada por un pedagogo judío-germano llamado Kurt Hahn, que llegó a ejercer de diplomático. Su madre quería que aprendiera el alemán (la reina era natural de Hannover), al tiempo que pretendía que tuviera una educación más europea y que ganara en independencia, severidad y autonomía. Y, además, que superara su timidez. La elección del centro venía condicionada por el hecho de que esta institución del estado de Baden-Würtemberg, junto al lago Constanza, la dirigía el príncipe Jorge Guillermo de Hannover, hermano de la reina Federica.

Juan Carlos, por su parte, era el primogénito de un rey en el exilio. De hecho, él ni siquiera había nacido en España, sino en Roma, que fue la ciudad que acogió a la familia real española tras la proclamación de la Segunda República. Cuando subió al barco, recién terminado el bachillerato, había cierto debate sobre si resultaba más conveniente que fuera a estudiar a la Universidad de Lovaina, a lo que José María Gil-Robles instaba a don Juan, o si debía hacerlo en España, opción que decididamente defendía Franco. Juan Carlos llevaba cinco años en Madrid para formarse, bajo la tutela del general. El régimen le había organizado una escuela a su medida en Las Jarillas, cerca de la capital, para la que había escogido no solo a los profesores, sino también a los alumnos, que únicamente eran ocho, entre ellos su primo Carlos de Borbón-Dos Sicilias, que le resultó de gran ayuda para superar la sensación de soledad. Al año siguiente, se cambiaría al palacio de Miramar de San Sebastián, esta vez con dieciséis compañeros. Jesús Pabón, el historiador monárquico que presidió el tribunal de los exámenes orales, lo definió como una persona fundamentalmente bondadosa, tímida pero, en ocasiones, vehemente. El conde de Fontanar, cuyo hijo era compañero de estudios, insistía en que era un muchacho afectuoso, dócil, nada rencoroso, simpático, valiente y que trataba a las gentes modestas con sencilla afabilidad. Sin embargo, percibía también cierto grado de indisciplina y de desinterés en la cultura.

Era evidente que Juan Carlos y Sofía, aparte de su condición de príncipes y su timidez, tenían aparentemente pocas cosas en común. Ni el tipo de educación que habían recibido, ni sus inclinaciones intelectuales, ni el entorno en que vivían se parecían en nada. A bordo del *Agamenón* se trataron poco, aunque Sofía asegura que se fijó en él. En el libro de Pilar Urbano, la reina manifiesta que era simpatiquísimo, muy divertido y muy bromista. Incluso le califica cariñosamente de «gamberro». Le molestaba que, a pesar de que solo tenía unos meses más que ella, sus padres le dejaran bailar y zascandilear hasta entrada la madrugada, mientras que a ella la enviaban a su camarote a medianoche. Juan Carlos no llegó a sacarla a bailar en ninguna ocasión, a pesar de que la jornada acababa con música, lo que la reina justificó años más tarde por la mayor afinidad de «los Barcelona» con las familias francesas e italianas, mientras que sus padres se relacionaban más con los alemanes y los ingleses. «Personalmente, entre Juan Carlos y yo no hubo nada de nada», por más que ambos disfrutaron de aquellos días en alta mar. Juan Carlos recuerda, en cambio, que Sofía le comentó que estaba aprendiendo judo y él bromeó sobre ello diciendo que eso le iba a servir de bien poco. La joven respondió con una sonrisa al tiempo que le pedía que le diera la mano, procediendo de inmediato a tirarlo al suelo con una llave de judo ante su expresión de desconcierto.

El hotel flotante improvisado por el naviero Eugenidis y la reina Federica recorrió el Peloponeso: Creta, Rodas, Corfú, Tesalónica, Volos, Micenas, Cnosos… El rey Pablo se convirtió en un guía muy especial en esas visitas diurnas, tras las cuales los ilustres pasajeros del crucero solían darse un baño en las tranquilas playas del Egeo. Las fotografías de aquellas jornadas muestran a un curioso colectivo en el que se mezclaban tres generaciones, pero que no se distinguían en nada de otros grupos de turistas de clase media de la época, más que por el hecho de que la policía helena impedía que nadie se les acercara demasiado. Seguramente el más elegante, a pesar de su vestuario deportivo, era el anfitrión, el rey Pablo, a quien se le puede ver en algunas imágenes con un porte magnífico y gafas oscuras, hasta luciendo unos vaqueros negros de grandes bolsillos, que incluso hoy resultarían muy modernos.

Haciendo recuento de las cabezas coronadas, únicamente había cinco parejas reinantes (Grecia, Holanda y Luxemburgo), además de la princesa Luisa de Suecia, esposa del rey Gustavo VI, y la princesa Astrid de Noruega que, aunque hija del rey Olaf V, cumplía funciones de primera dama tras la muerte de su madre la princesa Marta, unos meses antes. Entre los pocos que renunciaron a embarcar figuraba la familia real británica. Incluso la princesa Margarita, que se pensaba que finalmente viajaría hasta Nápoles, declinó la invitación, después de que sir Winston Churchill mostrara su preocupación por la reivindicación griega con respecto a la isla de Chipre, por aquellos días bajo dominación británica y considerada por el *premier* un enclave «de vital importancia para la defensa de Oriente Medio y el Mediterráneo». Tampoco estuvo el destronado rey Faruk, el mismo que dijo al marchar al exilio que en pocos años los únicos reyes que quedarían serían los cuatro reyes de la baraja y la reina de Inglaterra, el mismo que estaba enteramente dedicado a la *dolce vita* romana. Cierto o no, por aquellos días circuló que ni siquiera había sido invitado por sus ideas tan poco favorables a la institución que representaban los tripulantes del buque.

Los monarcas sin corona eran los más numerosos, pues allí figuraban Miguel de Rumanía, Miguel y María Luisa de Bulgaria, Humberto y María José de Saboya, Dimitri de Rusia, Alejandro de Yugoslavia, Ernesto y Ortrud de Hannover, Juan de Borbón y su esposa María (a quienes todos llamaban «los Barcelona»), los condes de París Enrique e Isabel… Muchos de ellos iban con sus hijos. En el caso de don Juan, solo le acompañaron Juan Carlos y la infanta Pilar. La infanta Margarita, al ser ciega, no viajó porque se pensó que podía ser peligroso el trajín del barco. Curiosamente, la prensa española dedicó algunas crónicas al crucero, pero ni una línea a los tripulantes españoles.

El *Agamenón* es importante en la vida de Juan Carlos y Sofía porque allí fue donde se conocieron; sin embargo, sería faltar a la verdad afirmar que en este barco se inició su relación. Es más, la propia reina explicó muchos años después que con quien más intimó el joven Borbón fue con su tío abuelo Jorge, *Uncle Jacob*, el viajero de más edad del buque, que tenía ochenta y cinco años cumplidos. Hermano de Constantino I, había sido nombrado en 1898 gobernador de la isla de Creta. Era todo un personaje, bromista y *bon vivant*, que no pasaba inadvertido por sus enormes bigotes blancos, de guías gruesas y largas, que engominaba pacientemente cada mañana para que sus extremos apuntasen al cielo.

El resultado del crucero podría calificarse como desigual, de acuerdo con los objetivos de la impulsora, la reina Federica. De lo que no cabe ninguna duda es que supuso una promoción extraordinaria para el turismo, hasta el punto de que pocos meses después se abrieron nuevas rutas por las islas griegas, ante la cantidad de reportajes que generó el viaje del *Agamenón*. Es más, hasta tal punto el crucero concentró las miradas del mundo, que el también armador griego Aristóteles Onassis no soportó no ser invitado ni subir a bordo en una escala y decidió organizar por los mismos días una travesía parecida, en compañía de la realeza del dinero. Onassis era conocido como «el rey de los petroleros», pues disponía de 160 barcos-cisterna, entre ellos uno bautizado con el nombre de *Tina Onassis*, de 45.000 toneladas, todo un homenaje a su hija, que era de los mayores que surcaban los mares y que obligó a dragar el Canal de Suez, a fin de ganar profundidad para que pudiera navegar por él con destino al golfo Pérsico. El yate *Cristina* (un nuevo acto de amor a su pequeña de apenas cuatro años) fue la embarcación a la que invitó a una veintena de monarcas de la industria mundial. El barco empequeñecía al *Agamenón*, no solo por su tamaño (disponía de una gran piscina e incluso de un hidroavión para desplazarse), sino también por el lujo desbordante que exhibió durante las dos semanas que navegó por el Egeo.

En cambio, desde el punto de vista sentimental, poco balance puede reflejarse de las casi dos semanas de excursiones y fiestas a bordo del *Agamenón*. Únicamente se gestó una boda de aquel periplo, la de María Pía de Saboya y Alejandro de Yugoslavia, que se divorciarían con los años.

Justo durante el regreso de la travesía, Juan Carlos empezó a quejarse de dolor de estómago, y su madre, que tenía estudios de enfermería, temió con razón que tuviera un ataque de apendicitis. Camino de Estoril, volviendo en el velero *El Saltillo*, cedido a don Juan para su uso privado por el empresario vizcaíno Pedro Galíndez, tuvo que atracar en Tánger para que fuera intervenido de urgencia en el hospital de la Cruz Roja.

Durante la convalecencia hubo un agrio intercambio de misivas entre don Juan y el general Franco por la educación que debía recibir el joven príncipe. El dictador quería que Juan Carlos se educara en los principios del Movimiento para sintonizar «con las generaciones que se forjaron bajo el calor de nuestra Cruzada». En caso contrario, advertía, la monarquía no sería viable. Franco y don Juan decidieron entrevistarse para hablar sin límite de tiempo del asunto. Se vieron las caras a mitad de camino entre Madrid y Estoril, concretamente en Navalmoral de la Mata (Cáceres). El jefe de la Casa Real española quiso llevar la conversación al terreno de cómo sería la transición a la monarquía y las condiciones de futuro después de Franco. Don Juan intentaba proponer unas nuevas reglas del juego y no daba su brazo a torcer sobre la educación guiada del príncipe.

Al final se llegó a una solución de compromiso que a don Juan le pareció que era la única posible: a cambio de un comunicado donde se refería implícitamente a los derechos dinásticos, aceptaba que su hijo estudiara en las academias de las tres armas y en la universidad, bajo la tutela de Franco. El nacimiento del primer nieto del Caudillo, tan solo tres semanas antes, al que cambiaron el orden de los apellidos para convertirlo en Francisco Franco Martínez-Bordiú, hizo temer a los entornos monárquicos que el general pudiera querer crear su propia dinastía, influido por los círculos más íntimos. De hecho, el general le había manifestado al conde de los Andes, jefe de la casa de don Juan, que si no estaba dispuesto a aceptar la educación prevista para Juan Carlos, el príncipe no debía volver a España, sintiéndose él desligado de cualquier compromiso con la monarquía.

Juan Carlos ingresó en la Academia Militar de Zaragoza tras el preceptivo examen, en diciembre de 1955. La ceremonia de jura de bandera la presidió el desabrido general Agustín Muñoz Grandes, más falangista que monárquico, que no tuvo ni siquiera el detalle de citar la presencia del príncipe en su alocución pública. El muchacho estaba triste porque no habían permitido la presencia en el acto de su padre, contra quien el régimen había comenzado una implacable campaña de desprestigio, hasta el punto de que el joven soldado llegó a quejarse al general ante tanta insidia contra su progenitor. Le esperaban tiempos difíciles, escasos en complicidades.

Más felices eran los días de Sofía, que en otoño de 1954 subía con sus padres a bordo del *Polmistis*, tras un terremoto que afectó a las islas Jónicas. Era su primer viaje oficial, en el que fue plenamente consciente de lo importante que resultaba que la corona estuviera cerca de las gentes que sufrían. El verano de 1955, la familia pasó las vacaciones en la isla de Petali. Sofía sentía verdadera devoción por su padre, por la manera de afrontar los problemas y por su sentido del humor en las situaciones más diversas. En los conciertos de gala solía imitar el sonido de los instrumentos para provocar la carcajada de sus hijos, que debían de evitarla como fuera para no ser considerados descorteses si alguien los veía reírse en mitad de una audición. Cuando concluyó sus estudios en Salem, decidió cursar puericultura, para lo cual fue inscrita en la escuela de Enfermería y Psicología Infantil de Mitera, a quince kilómetros de Atenas, adonde acudía diariamente conduciendo su Volkswagen de color azul. No había pues nubarrones en su horizonte.

En 1956, después del trágico accidente en el que murió el infante Alfonso, hijo menor de los condes de Barcelona, al disparar fortuitamente Juan Carlos una pistola del armero de Estoril, los reyes de Grecia invitaron a la familia real española a pasar unas semanas en Corfú, donde la familia real griega tenía una antigua mansión, conocida como Mon Repos y construida por Jorge I, el fundador de la dinastía. Era una manera de que se sintieran acompañados en aquellos durísimos momentos, en los que doña María estaba especialmente deprimida al ser ella quien les había dejado la llave del armario donde estaba el arma. Así que aceptaron el ofrecimiento, pero Juan Carlos no les acompañó. Semanas después, al cumplirse dos años del periplo del *Agamenón*, los reyes de Grecia propusieron un nuevo crucero, esta vez a bordo de otro barco con nombre de héroe clásico, el *Aquiles*. Sin embargo, la crisis provocada por la nacionalización del Canal de Suez, ordenada unilateralmente por el presidente egipcio Gamal Abdel Nasser sin el consentimiento de Gran Bretaña y Francia, que compartían su propiedad, impidió el viaje. El *premier* británico Anthony Eden llegó a enviar una fuerza naval, que acabó siendo retirada ante las presiones internacionales. Anthony Eden estableció una alianza con Francia e Israel, atacando estas últimas posiciones egipcias en el Sinaí, mientras las fuerzas anglofrancesas bombardeaban los aeródromos egipcios. Además, efectivos aerotransportados y anfibios alcanzaron las proximidades del Canal, derrotando a las tropas egipcias antes de que las presiones internacionales facilitaran el alto el fuego. Por todo ello, el *Aquiles* quedó atracado en Corfú, donde las familias reales fueron igualmente convocadas, aunque esta vez permanecieron unos días en tierra en lugar de salir a navegar. Sofía iba a cumplir dieciocho años, así que sus padres aprovecharon la circunstancia para organizar la fiesta de la puesta de largo. Tampoco esta vez estuvo Juan Carlos entre los invitados.

Sin embargo, el azar provocaría futuros encuentros entre ambos jóvenes. El destino es inevitable, sin que pueda discutirlo ni Agamenón, ni su porquero. Cuatro años después del crucero de la realeza por el Egeo, Juan Carlos y Sofía volverían a verse. Eran dos veinteañeros y tuvieron como excusa para la conversación sus vivencias en la travesía. El encuentro se produjo en el castillo alemán de Altshausen, con motivo de la boda de una hija de los duques de Würtemberg. Entonces sí que la pareja bailó animadamente. «¡Me ha encantado!», confesaría el príncipe al día siguiente, a modo de confidencia acerca de la princesa, a su preceptor Alfonso Armada, que acompañó a Juan Carlos en aquel desplazamiento. En cualquier caso, ni siquiera el militar, conocedor del problema que resultaría que la novia del heredero fuera de religión ortodoxa, llegó a pensar que aquella jovencita de ojos azules y sonrisa franca podría convertirse un día en reina de España. Armada no comentó nada a Franco, que empezaba a ver a Juan Carlos poco menos que como al hijo varón que nunca tuvo.

Capítulo 2

EL ENLACE DEL DUQUE DE KENT, CUANDO EL PROTOCOLO HIZO BIEN LAS COSAS

La boda de Elisabeth, una de las hijas de los duques de Würtemberg, con Antonio de Borbón-Dos Sicilias permitió que Juan Carlos volviera a saludar a Sofía. Ella se fijó en lo bien que le quedaba el uniforme de gala de marino, a él tampoco le pasó desapercibido el encanto de la joven princesa. Sin embargo, hubo que esperar otros dos años, y otros esponsales, para que se iniciara la relación. Es más, en este intervalo de tiempo, entre un desposorio y otro, ambos jóvenes mantuvieron encuentros con terceras personas que hubieran podido cambiar el curso de la historia.

El 12 de marzo de 1960, en el Palacio Real de Estocolmo, se organizó el baile de las princesas, una nueva iniciativa para emparejar a jóvenes de la realeza. Las nietas del rey Gustavo VI Adolfo de Suecia fueron las anfitrionas de este acontecimiento, que constituyó un acto social espectacular. Entre las muchachas pendientes de emparejarse había incluso dos herederas, Beatriz de Holanda y Margarita de Dinamarca. Y entre el ramillete de muchachas casaderas figuraban Sofía e Irene de Grecia. Faltó, de nuevo, la princesa Margarita de Inglaterra, pero en esta ocasión el motivo era que la hermana de la reina Isabel salía con un plebeyo, el fotógrafo Tony Armstrong-Jones, lo que había provocado el disgusto en

Buckingham Palace por salirse del guión de la realeza. Entre los muchachos convocados, la lista era aún más notable, pues aceptaron la invitación el príncipe Constantino de Grecia, heredero de la corona griega; el príncipe Harald, futuro rey de Noruega; Alberto de Lieja, que sería el soberano de los belgas, o el rey Simeón, que no había renunciado al trono de Bulgaria.

Hubo mucho champán, mucha música y mucha fiesta, si bien no se formuló ni una sola promesa de matrimonio en la velada. El personal no estaba por la labor y seguramente el espíritu de Celestina de los organizadores resultaba poco convincente. La prensa sueca especulaba acerca de que de la celebración podía salir el emparejamiento de Desiree de Suecia con Constantino de Grecia, algo de lo que ambas familias reales habían hablado en más de una ocasión. Sin embargo, no pudo ser, posiblemente por la juventud del heredero griego, de diecinueve años, que además era más de dos años menor que la princesa escandinava. Constantino acabaría casándose con la princesa Ana María de Dinamarca, que ni siquiera fue invitada a los festejos. Asimismo resultó un intento fallido conseguir que Simeón se fijara en Margarita de Noruega. No hubo la mínima química entre ambos para que aquello prosperara.

No obstante, la realidad es que Harald de Noruega y Sofía de Grecia pasaron la mayor parte del tiempo juntos, hasta el punto de que los medios de comunicación dieron como seguro el anuncio de compromiso matrimonial en las semanas siguientes. Tenían veintitrés y veintidós años, respectivamente, y se conocían bien, pues en 1958, aprovechando una visita de Estado de los reyes de Grecia a los países escandinavos, estuvieron bailando animadamente, mejilla con mejilla. A Sofía le gustó Harald desde el mismo día en que se conocieron: la prueba es que mantuvieron una cordial correspondencia en los meses siguientes. El príncipe noruego resultaba no solo un buen partido por ser heredero de la corona, sino que además era un joven alto, rubio y apuesto. La reina Federica apostaba claramente por aquella relación, así que invitó al príncipe noruego a pasar unas vacaciones en Corfú, donde Sofía se enamoró, pues así lo reconocería años más tarde. Se desconoce por qué razón no prosperó el noviazgo, pero después del baile de las princesas el príncipe desapareció. Al día siguiente no se le vio en las carreras de Rothesay, donde sí estuvo una desconcertada Sofía. Se dijo que Harald había tenido una indisposición, pero en realidad se había escapado a las regatas de Henley, que al parecer era una excusa para poder estar a solas y poner en orden sus ideas.

Sobre la zozobra de este proyecto matrimonial hubo quien apuntó que la causa podía haber sido la escasez de la dote de la princesa Sofía; de hecho, tras el fracaso de la relación, el Parlamento griego aprobó el presupuesto para una dote suficiente a fin de que la Casa Real no resultara humillada en el futuro. Un motivo más verosímil podía ser que Harald estuviera ya enamorado de una muchacha de clase media, sin ascendencia noble, llamada Sonia Haraldsen y que entre las razones de Estado y los motivos del corazón, el heredero noruego hubiera hecho prevalecer los segundos. De lo que no cabe duda es que el rey Olaf se enfrentó a su hijo por su renuncia a tomar a Sofía por esposa, pero con el tiempo cedió a la voluntad de su primogénito, que no se casaría hasta seis años después de haberlo hecho la princesa griega con Juan Carlos. En cualquier caso, el rey Olaf pidió antes el consentimiento del gobierno para autorizar aquella boda desigual, lo que suscitó un intenso debate en la sociedad noruega sobre el futuro de la corona.

Por aquellos días, el príncipe español, cadete en la Academia General de Zaragoza, había cortejado a una condesa italiana llamada Olghina Nicolis, condesa de Robilant, a quien había conocido en Portugal. Pero sobre todo había intimado con María Gabriela, una muchacha rubia y muy atractiva, hija del exiliado rey de Italia. Eran casi vecinos en el exilio, pues Juan de Borbón vivía en Estoril y Humberto de Saboya residía en Cascais. Puede afirmarse que María Gabriela fue su primer amor: se conocían de niños y compartían aficiones como la caza, la equitación, la navegación o los automóviles. El cadete Juan Carlos de Borbón tenía su foto en la mesilla de noche de su habitación, aunque sus superiores le ordenaron retirarla porque Franco podía disgustarse en el caso de que hiciera una visita a la Academia o de que alguien se lo contara en El Pardo. El general quería controlar también la vida privada del príncipe y la joven italiana le parecía una muchacha demasiada liberal y excesivamente moderna. El asunto también fue abordado en Estoril durante una de las sesiones de su consejo privado de don Juan, sobre todo después de que la actuación pública de la joven en la Feria de Sevilla hubiera sido calificada de frívola por alguno de los asistentes. En cualquier caso, don Juan consideró que su hijo aún no estaba maduro para casarse y que había que esperar un par de años más para tomar una decisión al respecto.

Era evidente que tanto Madrid como Estoril suspiraban por una princesa real, a poder ser de una familia reinante, sin apuros económicos y con una conducta pública discreta. A modo de anécdota, se cuenta que cuando el comandante Emilio García Conde, uno de los ayudantes más cercanos al príncipe, le dio una lista de candidatas idóneas a Franco, este rechazó el nombre de la princesa Sofía, no solo por no ser católica, sino porque estaba convencido de que el rey Pablo era masón.

No deja de ser curioso que cuando en 1960 se casó Karl, duque de Würtemberg, con Diana de Orleáns, de nuevo en el castillo de Altshausen, no asistiera la princesa Sofía de Grecia y sí lo hiciera María Gabriela de Saboya, con quien Juan Carlos bailó animadamente durante toda la noche. Todavía se les vería juntos en algunos momentos durante los Juegos Olímpicos de Roma de 1960. Los rumores sobre una posible boda circularon en algunos medios de comunicación aquel otoño, pero no hubo ningún comunicado, aunque sí algún discreto desmentido. Don Juan no lo veía claro «por el lamentable estado de la monarquía italiana», según Paul Preston. Juan Carlos recibió la llamada de su preceptor, el general Carlos Martínez-Campos, duque de la Torre, quien le pidió sin ambages que dejara de verse con la bella princesa italiana, porque no le convenía, arguyendo razones de Estado. El príncipe no se rebeló, entendió que no podía enfrentarse a Franco en un asunto tan importante para su futuro y renunció a aquella relación a su pesar. Mucho después, siendo rey, reconocería que «hubiera podido, es verdad, casarme con María Gabriela».

En cualquier caso, durante los Juegos de Roma, y debido a que las familias reales de España y Grecia se alojaban en el mismo hotel en Nápoles, donde se celebraban las competiciones a mar abierto, Juan Carlos y Sofía volvieron a verse. Ella iba de suplente en el equipo griego de vela que capitaneaba su hermano Constantino y que obtuvo el oro olímpico. Aquella noche hubo fiesta en el hotel, y la familia real española fue invitada a cenar en el barco *Polemistis* por los reyes de Grecia. La reina le contaría treinta y cinco años después a Urbano la siguiente anécdota de la velada, que demuestra que había cierta complicidad entre los dos jóvenes: «Con don Juan y doña María vino también Juan Carlos. Llevaba bigote. Yo le dije: "No me gustas nada con ese horrible bigote". "Ah, ¿no? Pues… ahora no sé cómo lo voy a poder arreglar". "¿No sabes cómo? Yo sí sé cómo. Ven conmigo". Le llevé a un cuarto de baño. Le hice sentarse. Le puse una toalla por encima, como en las barberías. Cogí una maquinilla. Le levanté la nariz. Y se lo afeité. Él… se dejó».

Y llegó el 8 de junio de 1961, cuando el príncipe Juan Carlos y la princesa Sofía fueron invitados a la boda del príncipe Edward Windsor, duque de Kent, y *lady* Katherine Worsley. En realidad, ninguno de los dos tenía intención de acudir al enlace en la abadía de Westminster, pero el destino dispuso por ellos. Don Juan de Borbón era quien había confirmado su asistencia, así que días antes embarcó en Estoril, a bordo del yate *Saltillo*, pero poco después de partir se encontró con un fuerte temporal que le obligó a atracar en Corcubión, por lo que llamó a su hijo a Madrid a fin de que le sustituyera en la ceremonia. Sin embargo, don Juan pudo llegar a tiempo a la ceremonia religiosa: en las fotos del acto aparecen padre e hijo junto a Constantino y Sofía de Grecia, en el banco situado inmediatamente detrás del que ocupaba la familia real británica al completo, incluida su cabeza la reina Isabel II.

Por su parte, el príncipe Constantino decidió viajar a Inglaterra en representación de los reyes de Grecia y el protocolo sugirió que le acompañara su hermana Sofía. «Muchas veces he pensado que, si hubiesen estado allí mis padres, quizá no habría llegado a producirse el encuentro personal entre Juan Carlos y yo. Casi seguro: no habría pasado nada entre nosotros», confesó la reina a su biógrafa al cabo de los años.

No es descabellado pensar que la reina Federica de Grecia y la reina Victoria Eugenia de España hubieran utilizado su influencia con *lord* Mountbatten para conseguir que el jefe de protocolo de la Casa Real británica designara a Juan Carlos como acompañante de Sofía en la ceremonia. Mountbatten era no solo el jefe del Alto Estado Mayor de la Defensa, sino también hijo de Luis, príncipe de Battenberg y de la princesa Victoria. «Por una vez, el protocolo ha hecho bien las cosas», comentó la princesa griega al enterarse de que el príncipe español había sido designado como su caballero acompañante. Antes, cuando Constantino y Sofía recibieron las llaves de sus habitaciones en el hotel Claridge's, en Mayfair, ella había pedido al conserje el libro de huéspedes para conocer qué otros invitados a la boda se alojaban en el establecimiento. Al hojear el volumen, se dio cuenta de que los conocía prácticamente a todos, aunque hubo un nombre que le llamó la atención: Duque de Gerona. «¿Y este duque de Gerona, quién es?». Constantino no tuvo tiempo de responder, porque a sus espaldas alguien exclamó: «Soy yo». Allí estaba sonriente Juan Carlos, que saludó a la pareja de recién llegados en un inglés decididamente mejorable.

Aquella misma tarde, un grupo de jóvenes invitados de la realeza europea decidieron ir al cine a ver *Éxodo*, de Otto Preminger, protagonizada por Paul Newman. El actor interpreta en el filme el personaje de Ari Ben Canaan, un comandante de la resistencia israelí que consigue sacar a seiscientos judíos de un campo de concentración en Chipre e introducirlos en un barco mercante con destino a Palestina, saltándose el bloqueo de las autoridades británicas. Por cierto, la película, basada en una novela de Leon Uris, fue censurada en España, cambiando algunas escenas para ocultar los crímenes nazis contra los judíos. A la salida, tras pasar por el hotel a cambiarse, asistieron a una recepción con cena de gala en el emblemático hotel Savoy, donde Juan Carlos y Sofía se sentaron juntos en la misma mesa. «Fue entonces cuando empezamos a sentir el tirón del atractivo», explicó ella años más tarde. A Sofía, el apuesto príncipe español le pareció un joven encantador, amable y tremendamente simpático. Nada que ver con aquel muchacho atolondrado que había conocido a bordo del *Agamenón*, unos años antes. La princesa griega hubiera querido que aquella velada no terminara nunca, se sentía como una nube en aquel hotel lleno de historia y de historias, donde Winston Churchill acudía a menudo a tomar el té durante la Segunda Guerra Mundial para que las gentes le vieran, a fin de transmitir seguridad a sus conciudadanos que temían los bombardeos de la Luftwaffe sobre Londres. Como el valeroso primer ministro, Sofía pidió un té para alargar la sobremesa: «Me pareció encantador, y con una hondura que yo no sospechaba. Incluso me chocó que fuese un hombre profundo, pues yo creía que era solo un chico bromista. Vi que tenía una situación difícil, con un futuro muy incierto. Que vivía oficialmente acompañado, y humanamente solo, separado de sus padres y sus hermanas, en un país bajo un régimen militar, sin monarquía, y donde a su padre —el legítimo heredero del trono— Franco le tenía prohibido entrar. Empecé a admirarle en eso: en la alegría con que llevaba su compleja situación». Al día siguiente, según contó el comandante Emilio García Conde, fueron en grupo a una sala de fiestas del Soho londinense, donde en un momento dado se ofreció un espectáculo de *striptease* en el escenario, lo que molestó a la joven griega, que decidió volver al hotel. Juan Carlos se apercibió de la incomodidad de Sofía y la acompañó al Claridge's, lo que le pareció todo un detalle a la princesa.

Justo antes de la boda, en una fiesta que los novios ofrecieron en el hotel Dorchester, donde el príncipe vestía un esmoquin que le hacía lucir espléndido y ella un elegante vestido de noche, él la sacó a bailar cuando la orquesta empezó a entonar los acordes de un *fox-trot* lento. Constantino no tuvo dudas de que aquello iba en serio, al ver la cara de felicidad de su hermana bailando con Juan Carlos de Borbón, que parecía igualmente encantado del momento que vivían. Durante la velada tuvieron, de nuevo, ocasión de hablar largo y tendido. Sofía lo explicó con estas palabras años después: «Hablamos en profundidad de muchas cosas: de su vida, de la mía, de filosofía, de religión… Ahí empecé a darme cuenta de que era un hombre que tenía mucho más calado de lo que aparentaba. Yo lo había tomado por frívolo, juerguista y superficial».

Al día siguiente, Constantino llamó a sus padres a Atenas para anunciarles que su hermana recibía complacida las atenciones del príncipe español. Federica de Grecia cuenta en sus memorias: «A Palo y a mí nos encantó y nos horrorizó la noticia. Nos encantó porque Juanito, como le llamábamos familiarmente, es muy guapo y apuesto. Tiene el pelo rizado, cosa que le molesta, pero que a las señoras mayores como yo nos gusta mucho. Tiene los ojos oscuros, las pestañas largas, es alto y atlético y cambia de vez en cuando y como quiere su encanto personal. Pero lo más importante es que es inteligente, tiene ideas modernas y resulta amable y simpático. Está muy orgulloso de ser español, pero posee la suficiente comprensión e inteligencia para perdonar con facilidad las ofensas y errores de los demás. Nos horrorizó, no porque nos desagradara personalmente, sino porque como es católico, sabíamos que antes de que se casara habría tremendas discusiones sobre esta cuestión, relativamente poco importantes».

La reina Federica estuvo encantada desde el primer día con el hecho de que Sofía se interesase por el hijo de los Barcelona. Poco después de la boda en Londres, la familia griega marchó unos días a Escocia, aprovechando que Constantino y Sofía participaban en las regatas de la Golden Cup, donde ocuparon la tercera posición final. Allí recibió una postal de Juan Carlos, que ofrecía pocas dudas de sus intenciones. Estaba escrita en un inglés precario, pero se le entendía todo: «Querida Sofi: pienso muchas veces en ti. ¡Qué bien lo pasamos en la boda! ¿Cuándo volveremos a vernos? ¿Qué haces ahora? Te recuerdo mucho. Besos. Abrazos. Y mucho amor. Juan Carlos». A la princesa le faltó tiempo para responder a la misiva, y a la vez le pidió a su madre que invitara a «Juanito» a pasar las vacaciones de verano en Corfú. La reina Federica no puso ningún impedimento, como no podía ser de otra manera, después de lo que había puesto de su parte para que la relación funcionase. Así que accedió a que Juan Carlos y sus padres pasaran el verano con ellos en Corfú, que para la reina era «el sitio más maravilloso del mundo para enamorarse». La gran luna naranja, la sombra de los cipreses, el zumbido de las cigarras que describe la soberana en sus memorias debieron de causar sus efectos sobre la pareja, porque al otoño siguiente se comprometían, aunque en un documental para la BBC Sofía bromeó con Juan Carlos diciendo que en realidad nunca llegó a proponerle matrimonio. Juan Carlos lo hizo a su manera: le regaló un anillo y la besó. Sobraban las palabras.

El 13 de septiembre de 1961 el príncipe Constantino, ejerciendo de regente en Atenas ante la ausencia de su padre, anunció oficialmente el compromiso matrimonial entre Juan Carlos de Borbón y Sofía de Grecia. El heredero de la corona griega explicó que había recibido la noticia por teléfono de su padre, el rey Pablo, quien se encontraba de vacaciones en Lausana acompañado de la reina Federica. Además, se notificaba que se había informado del compromiso al jefe del Estado español, el general Franco, y que la familia real, acompañada de Juan Carlos y Sofía, viajaría al día siguiente a Atenas. Al anunciarse la noticia, las baterías del monte Licabeto, en la capital griega, dispararon salvas para celebrar el acontecimiento.

Franco se enteró de la noticia mientras navegaba a bordo del yate *Azor*. Fue don Juan quien se lo comunicó por radio. Las comunicaciones no eran buenas, hasta el punto de que la conversación se entrecortaba. Don Juan explicó que le hubiera gustado explicárselo por carta, pero que el rey Pablo le había pedido anunciarlo cuanto antes, para evitar especulaciones. A Franco le disgustó enterarse de la boda en aquellas circunstancias, después de que había intentado saber de la relación a través del embajador español en Lisboa José Ibáñez Martín y del secretario general de Presidencia del Gobierno, Laureano López Rodó, que habían obtenido siempre el desmentido de don Juan. Pero también a través del embajador español en Atenas, Luis Felipe de Ranero, que no atinó a percatarse de la importancia de las vacaciones de Juan Carlos en Corfú. Franco le había hecho saber a través de Ibáñez Martín que el jefe del Estado debía ser el primero en enterarse de cualquier compromiso, pues según al artículo 12 de la Ley de Sucesión los aspirantes al trono debían informar de sus planes al Consejo del Reino y obtener luz verde de las Cortes, algo que don Juan no estaba dispuesto a cumplir por su rechazo a la citada ley sucesoria.

En Lausana habían coincidido días antes Juan de Borbón y Pablo de Grecia. Los reyes de Grecia, acompañados de sus hijas Sofía e Irene, viajaron con la excusa de visitar el pabellón de su país en la Feria Internacional de Muestras de esta ciudad. Don Juan de Borbón, su esposa doña María y su hijo Juan Carlos estaban «casualmente» en la localidad helvética para visitar a la reina Victoria Eugenia, en su palacete de Vielle Fontaine. En realidad, se habían citado en la neutral suiza para poder acabar de perfilar con total libertad los detalles del comunicado oficial y los pasos que había que dar antes de la boda. El príncipe español había pasado por una conocida joyería a buscar una sortija que había encargado que le montaran con unas piezas de oro, un par de rubíes y unos brillantes de una botonadura de su padre. La petición de mano tuvo lugar en el hotel Beau Rivage, y la reina ha explicado que Juan Carlos le lanzó al aire el paquetito con el anillo para que lo cogiera, a modo de original declaración.

Juan Carlos y Sofía se dejaron fotografiar y dieron una conferencia de prensa en el hotel, donde explicaron que se conocieron en el crucero *Agamenón* celebrado siete años antes, que habían pasado el verano juntos en Corfú, donde regatearon en un balandro de la clase Relámpago, que la princesa había pedido al papa Juan XXIII la admisión a la Iglesia católica y que se casarían en Atenas el próximo año. «La linda princesa de los ojos dulces y melancólicos», tituló la crónica del día el corresponsal del diario *La Vanguardia*. La prensa falangista, en cambio, ignoró el acontecimiento, aunque inmediatamente después pasó a atacarlo con el argumento de que el pueblo español no podía tolerar una boda entre un católico y una no católica.

En vísperas del anuncio, resultó especialmente interesante el encuentro de la princesa Sofía con la reina Victoria Eugenia en su palacete de Lausana, según le contó a Pilar Urbano. Dos cosas le dijo la viuda de Alfonso XIII que recuerda como si fuera ahora: una, que a pesar de su timidez estaba convencida de que iba a ser una buena reina de España porque era una mujer con personalidad; y dos, que por más reveses que le había dado la vida (las enfermedades de sus hijos, el exilio de España, el maltrato de los italianos durante la guerra, que la veían como una espía inglesa) siempre había tenido claro que mejor que hacerse una amargada era hacerse una sabia. Sofía como reina siempre ha intentado ser una buena profesional de la corona y ser fuerte (y sabia) en los momentos difíciles de palacio.

Capítulo 3

LA SOLUCIÓN VATICANA A LA BODA GRIEGA

La llegada de la familia real a Atenas, con Juan Carlos y Sofía una vez prometidos, resultó una auténtica fiesta. Los novios, que iban en coche descubierto, tuvieron una entrada triunfal en la ciudad, que estaba engalanada con banderas, pancartas y gallardetes. Era la primera vez que Juan Carlos de Borbón tenía conocimiento de lo que era el calor popular. Los príncipes se alojaron igualmente en la cálida residencia de Tatoi, un palacio en mitad de una finca arbolada que pasó a ser residencia oficial de la familia real a partir de 1949. La mansión, en las afueras de Atenas, había sido construida a finales del siglo XIX por Jorge I, fundador de la dinastía, que intentó crear un entorno acogedor que le recordase a su Dinamarca natal. Allí fue enterrado él, pero también sus sucesores, de tal manera que Tatoi se convirtió con el paso del tiempo en símbolo de la corona (el Tribunal Europeo de Derechos Humanos de Estrasburgo falló a favor de su retorno a la familia real griega, en 2000, tras su confiscación por la junta militar que mandó en Grecia entre 1967 y 1974).

El rey Pablo regaló a la pareja dos anillos milenarios, del siglo IV antes de Cristo; las alianzas de boda se hicieron a partir de unas monedas de oro de Alejandro Magno, algo que a Sofía, cuando lo supo, casi le hace enfermar. A una mujer como ella, aficionada a la arqueología, la iniciativa paterna le pareció un sacrilegio. Los novios hablaban en inglés entre ellos por aquellas fechas. El príncipe se propuso mejorarlo, la princesa decidió empezar clases de castellano. Durante esos días ella quiso mostrarle su ciudad, los lugares que frecuentaba, sus mejores amigos, sus rincones favoritos. El naviero Stavros Niarchos les ofreció una isla de su propiedad, Spetsopoula, para que pasaran unos días lejos de toda presión popular. Petsopoula pertenece a las islas Sarónicas, de las que forma parte la célebre Salamina, donde los atenienses derrotaron a los persas, y está situada a noventa kilómetros de Atenas.

A la vuelta a Madrid, Juan Carlos visitó a Franco en el palacio de El Pardo, quien le preguntó por su prometida. «Ya sabe que no tiene que casarse con una princesa», le comentó el general, algo que ya le había dicho poco antes a José María Pemán, presidente del consejo privado de don Juan. A juicio de Franco, no era sustancial el hecho de que la novia fuera de sangre real, «pues en España hay no pocas muchachas que, sin ser personas reales, merecen un trono». Poco después, durante una cacería, el Caudillo le preguntó al príncipe qué pensaba hacer después de la boda y este le respondió, con sutileza, que hasta aquel momento todo se había llevado a cabo en común acuerdo entre él y su padre. Franco le insinuó de forma igual de perspicaz que un día le podía suceder, recordándole que Su Alteza Real iba siendo mayor de edad. Juan Carlos le contestó que era cierto, pero que seguía teniendo jefe. El príncipe le confesaría a Laureano López Rodó, con quien tenía gran confianza, que había tenido la impresión en los últimos meses de que el general quería nombrarle heredero saltándose la sucesión dinástica.

Uno de los asuntos que todos sabían que resultaba urgente solucionar ante la boda era la cuestión religiosa, en vista de las primeras críticas aparecidas en determinada prensa de Madrid que calificaban a la princesa poco menos que de hereje, y por la preocupación mostrada por la jerarquía de la Iglesia helena, que se negaba a que la adscripción de Sofía a la Iglesia católica romana se efectuara antes de la boda, pues a su juicio debía llevarse a cabo tras la renuncia a los derechos al trono griego y después de su casamiento por el rito ortodoxo.

Una persona que contribuyó a la resolución de este espinoso asunto, sobre todo a causa de que el Estado griego era confesionalmente ortodoxo e identificaba la confesionalidad con la identidad nacional, fue Yanguas Messía, político, diplomático y jurista español, que era miembro del consejo privado de don Juan y que había sido embajador en el Vaticano al finalizar la Guerra Civil. Tras intensas negociaciones diplomáticas, el 12 de enero de 1962, Juan Carlos y Sofía, acompañados de don Juan, viajaron a Roma para ser recibidos en audiencia privada por el papa Juan XXIII. Durante más de hora y media hablaron de cómo resolver el problema suscitado en buena parte por la intransigencia de Chrysóstomos, arzobispo primado de Grecia. El aperturismo del Pontífice, así como su conocimiento pastoral de las iglesias orientales tras los años en que fue nuncio de Bulgaria, invitaba al optimismo. «Váyanse tranquilos», les dijo el papa tras darles su bendición, mientras llamaba al cardenal Ottaviani para que pusiera hilo a la aguja vaticana.

La solución final acordada contemplaba una dispensa papal para celebrar la doble ceremonia, ortodoxa y católica. Así de fácil. La pugna religiosa concluyó con la celebración de dos ceremonias. Posteriormente se llevaría a cabo la conversión de la princesa al catolicismo en un acto que iba a ser íntimo y desligado del casamiento.

Otra de las cuestiones a decidir en aquellas semanas era la residencia de los príncipes. El embajador británico George Labouchere aseguraba en un comunicado enviado a Londres que algunos monárquicos, y el propio don Juan, deseaban que el príncipe, tras su matrimonio, se instalara en Estoril, porque, en caso de hacerlo en Madrid, restaría protagonismo a su padre, dificultando su regreso a España. Después de que la familia real española pasara las Navidades de 1961 en Atenas, los reyes de Grecia viajaron a Portugal en enero. La reina aseguró en sus memorias que entonces se abordó el asunto de la residencia de la joven pareja: «Don Juan quería retirar a su hijo de España, y que nos instalásemos en Portugal. Poco a poco, el rey Pablo, que había congeniado bien con don Juan, le iba hablando, una y otra vez, haciéndole ver que lo normal sería que Juanito siguiera su propia vida. Incluso le escribió una carta, después de la boda, insistiendo en la conveniencia de que Franco nos dejase vivir en España, a nosotros dos, ya como personas adultas, como un matrimonio que va a formar una familia, y con un estatus propio».

La decisión no la tomaría Franco, de acuerdo con la pareja, hasta después de la boda, mientras Juan Carlos y Sofía estaban en viaje de novios. Era evidente que la reina Federica se oponía a que su hija, princesa de una familia real reinante, viviera como una exiliada en Portugal. Ella era la esposa de un nieto del rey Alfonso XIII y merecía una visibilidad y un rango que su aislamiento en Estoril en modo alguno podría ofrecerle. Sofía le había manifestado a Juan Carlos que o vivían en Madrid o lo hacían en Grecia. En cualquier caso, don Juan les ofreció Carpe Diem, la casa de su secretario Ramón Padilla, situada muy cerca de Villa Giralda, donde residía. También los reyes de Grecia les dieron la posibilidad de vivir un tiempo en la casa donde había nacido la princesa, en el elegante barrio ateniense de Psychico.

Finalmente, Franco les ofreció la posibilidad de ocupar el palacio de La Zarzuela, que iba a ser restaurado. Se trataba de un palacete que mandó construir Felipe IV para ser usado durante las cacerías, para temporadas de descanso o en celebraciones de festejos reales. El nombre de Zarzuela proviene de la gran cantidad de zarzas que había en sus inmediaciones. Como allí se celebraran también representaciones teatrales en las que los intérpretes cantaban en algunos pasajes, el género dramático que pronto adquirió gran éxito popular acabó por llamarse igual: zarzuela. Más que una sugerencia de Franco, puede afirmarse que resultó una decisión: el general Juan Castañón de Mena hizo llegar a Emilio García Conde, preceptor de don Juan Carlos, el mensaje del Caudillo de que, en caso de que no se instalaran en La Zarzuela, el palacio pronto lo ocuparía un nuevo príncipe.

Juan Carlos conocía el palacete porque había vivido allí brevemente siendo soltero. En el fondo, la joven pareja estaba encantada de poder ocupar una mansión en Madrid, pero tuvo que imponerse a los deseos de su progenitor. Juan Carlos le expuso a su padre que no entendía las razones por las que tenía que abandonar España, una vez casado. Nueve meses después, en febrero de 1963, pasaría a instalarse definitivamente en La Zarzuela, después de unas cartas cruzadas en las que don Juan explicaba a Franco que la dilatada estancia de la pareja en Estoril era para mantenerlos alejados de una vida de ocio y lujo, y para que no tuvieran que vivir a expensas del Estado, sin funciones oficiales. Franco respondió en su misiva que la formación del príncipe no había hecho más que empezar y que no tenía sentido que los príncipes estuvieran en un país extraño sin ocupaciones específicas.

Una tercera cuestión a resolver era la sucesión. Cuando Franco amenazó con que otro príncipe ocuparía La Zarzuela, era porque Alfonso de Borbón tenía aspiraciones al respecto. Franco había eliminado la posibilidad de que don Juan ocupara un día el trono de España. El Manifiesto de Lausana, redactado por dos colaboradores de don Juan el 19 de marzo de 1945, en el que se presentaba la monarquía constitucional que encarnaba el conde de Barcelona como una alternativa moderada al régimen, fue considerado en su día una traición por el general, que no consideraba posible que los vencedores de la guerra cedieran su poder a los vencidos.

Y por si ello no fuera suficiente, el 8 de junio de 1962, coincidiendo con la visita de Juan Carlos y Sofía a El Pardo inmediatamente después de la boda en Atenas, se inició en Múnich el IV Congreso del Movimiento Europeo, que reunió durante tres días a monárquicos, católicos y falangistas arrepentidos con exiliados socialistas y nacionalistas vascos y catalanes. Durante las sesiones, Joaquín Satrústegui hizo el elogio de la monarquía constitucional que representaría don Juan. Las noticias que llegaron al Caudillo le excitaron sobremanera, pues estaba convencido de asistir a una confabulación de masones, judíos y católicos, detrás de la cual fabulaba que estaba don Juan, contra el régimen que encarnaba. Así que decidió suspender las limitadas garantías del Fuero de los Españoles y detener y deportar a los asistentes al contubernio. Don Juan perdió las pocas posibilidades que pudieran quedarle de suceder a Franco. Aun así, a principios de 1963 don Juan informaría al embajador británico en Madrid, George Labouchere, de que jamás le había sugerido el general Franco a él ni a ninguna otra persona, que supiese, que don Juan Carlos podía ocupar el trono en vez de su padre. Además le insistió en que «su hijo era demasiado bueno como para pretender suplantar a su padre».

Franco llegó a pensar en exigir a don Juan su abdicación a favor del príncipe, que pensaba que se identificaba con el régimen que él encarnaba. El general veía cada vez más a Juan Carlos como el hijo que le hubiera gustado tener. Juan Carlos sugirió sutilmente que le nombrara príncipe de Asturias coincidiendo con el anuncio de la boda, pero el general pensó que, si lo hacía, estaría reconociendo la condición de rey de don Juan, pues es el título del heredero de la corona. De todos modos, a medida que iba viendo que el príncipe actuaba con independencia de su padre, se iba reafirmando en su voluntad de nombrarle sucesor, así que dispuso que más allá de su boda continuara estudiando Economía y Ciencias Políticas (don Juan prefería que ingresara en la Marina) y tuviera más contacto con el pueblo. Es evidente que todos los signos que recibía el joven príncipe lo situaban como el sucesor de Franco.

El Caudillo no asistió a la boda en Grecia de los príncipes, a pesar de que Juan Carlos lo había invitado personalmente dos meses antes. Franco raramente salía de España, para evitar encontrarse manifestaciones de rechazo contra su régimen, así que no hizo una excepción de este caso. Declinó pues la invitación y anunció que estaría representado por el ministro de Marina, el contralmirante Felipe Abárzuza, que se trasladaría a la capital griega a bordo del buque insignia de la flota, el crucero *Canarias*, verdadero símbolo de su triunfo en la Guerra Civil. Sin embargo, el general puso todo de su parte para resolver cualquier problema que surgiera, como por ejemplo el nombramiento del editor del *ABC* Juan Ignacio Luca de Tena como embajador en Atenas, a pesar de que era un monárquico recalcitrante que parecía un diplomático de don Juan más que de Franco. Por aquellos días prohibió los mítines carlistas, pero igualmente siguió todas las disposiciones de protocolo de las autoridades griegas, en su afán de que nada ensombreciera el enlace. A los contrayentes les otorgó la máxima condecoración del gobierno: el Gran Collar y el Lazo con Brillantes de la Orden de Carlos III, honor reservado a los soberanos reinantes, lo que resultaba todo un guiño al futuro. Además, les envió como regalo de boda un deslumbrante broche de brillantes. Sin embargo, no frenó a los sectores falangistas, parapetados detrás de la prensa del Movimiento, que criticaron la boda. Seguramente, no quería que los monárquicos se envalentonaran con la ceremonia de Atenas y reclamaran el retorno de la institución antes de hora.

Paul Preston asegura que la enorme campaña publicitaria desatada por el enlace contribuyó a disimular los problemas laborales del régimen durante aquellos meses de abril y mayo, a causa de las huelgas en la minería de Asturias y la siderurgia vasca y de los disturbios en grandes empresas catalanas y madrileñas. Igualmente, los comunistas estaban muy activos, preparando el lanzamiento de Comisiones Obreras.

La boda se celebró el 14 de abril de 1962 y reunió a ciento treinta y siete miembros de familias reales, veinticuatro de ellos soberanos o jefes de casas, aunque solo seis eran monarcas en ejercicio. Brilló la presencia de los príncipes Rainiero y Grace de Mónaco, y sorprendió la ausencia de los reyes Balduino y Fabiola de Bélgica. Allí estaban también la reina Juliana de Holanda y su esposo el príncipe Bernardo; el rey Olaf de Noruega y la reina Ingrid de Dinamarca. Centenares de monárquicos españoles se trasladaron a Grecia para poder presenciar de cerca la ceremonia. Entre ellos figuraban, en calidad de invitados, los titulares de los ducados de Alba, Medinaceli, Villahermoso, Osuna y Santángelo. Para acomodar a otros ilustres nobles se habilitó una tribuna a la salida de la catedral católica de Dionisio Areopagita y se negoció con el Banco de Grecia el uso de los amplios balcones que daban enfrente mismo de la fachada de la basílica. Una banda de infantes de marina embarcada en el *Canarias* desfiló a primera hora de la mañana por las calles del centro de Atenas, que, según las crónicas, llegaron a concentrar a cerca de medio millón de personas. En su recorrido, la banda interpretó pasodobles militares.

A las 8.30 de la mañana sonaron las salvas desde el monte Licabeto, anunciando la salida de la comitiva del palacio de Tatoi. En Atenas lucía el sol, a mediodía se alcanzarían los 27 grados. La novia iba en una carroza tirada por seis caballos, al lado de su padre, el rey Pablo. A continuación iba montado a caballo el príncipe Constantino, detrás el resto de coches oficiales. La primera parada era el templo católico, donde ofició el arzobispo Benedicto Printesi. Sofía estaba espléndida: lucía un velo de encaje de Gante de más de cinco metros, que había pertenecido a la reina Federica y que se ajustaba en la cabeza mediante una impresionante tiara de brillantes. Era un regalo de la soberana, que a su vez la recibió de su madre, Victoria Luisa de Prusia, de ahí que se conozca la joya como «la prusiana». A la novia le sostenían la larga cola de su vestido ocho princesas: Irene de Grecia, Irene de Holanda, Alejandra de Kent, Benedicta y Ana de Dinamarca, Ana de Francia, Pilar de España y Tatiana Radziwill, esta última hija de la princesa Eugenia de Grecia y del príncipe polaco Dominik Radziwill. El gobierno griego estaba representado por el primer ministro Constantinos Karamanlís. Uno de los últimos en acceder a la basílica fue un elegantísimo *lord* Mountbatten, con uniforme de gala de almirante, que había pasado el día anterior recorriendo detenidamente la Acrópolis.

Conforme lo acordado, después de la ceremonia católica, se celebró el ritual de las coronas y la danza de Isaías en la catedral metropolitana ortodoxa de Santa María, en presencia del patriarca Chrysóstomos, que estuvo asistido por veintidós obispos. Ocho jóvenes príncipes se turnaron sosteniendo en alto las coronas sobre las cabezas de los novios, que no eran como habitualmente de flores naturales de azahar, sino su reproducción en oro. Los príncipes eran Miguel de Grecia, Amadeo de Aosta, Víctor Manuel de Saboya, Alfonso de Borbón Dampierre, Christian de Hannover, Carlos de Borbón Dos Sicilias, Luis Baden y Constantino.

Tras la segunda ceremonia religiosa, los contrayentes recorrieron las calles del centro de la ciudad en carroza, mientras recibían muestras de cariño de los atenienses. Y de los cinco mil españoles que se calcula que se desplazaron hasta la capital griega. El banquete se celebró en el palacio de Tatoi. Suprema de ave, fuagrás, bogavante y helado constituyeron el menú del ágape.

Franco presenció la ceremonia por televisión, pero como el resto de los españoles tuvo que esperar hasta la medianoche para ver el amplio reportaje. Al general le encantó el detalle de que Juan Carlos vistiera prudentemente el traje de teniente del Ejército en la ceremonia. Ese día TVE cerró sus emisiones a la una de la madrugada en lugar de a medianoche, como era usual. El documento se manipuló para que don Juan apareciera lo menos posible. El NODO presentaba por aquellas fechas las imágenes de una recepción ofrecida por los reyes de Grecia con ocasión del enlace en la que tampoco se hacía ninguna referencia a los padres del novio. Por Madrid circulaba un chiste que hablaba de «la boda del huerfanito, porque por ninguna parte aparecían los padres», chascarrillo que llegó a oídos de don Juan, que provocó su queja ante el embajador en Lisboa por lo que consideraba un menosprecio a su persona. En cualquier caso, la boda de los príncipes resultó la mejor publicidad para la corona, pero el escaso protagonismo que tuvo don Juan en los medios de comunicación satisfizo plenamente al Caudillo.

Tras la boda, los príncipes iniciaron su luna de miel embarcando en el yate *Eros*, siendo la primera parada la isla de Spetsopoula. Luego la embarcación se dirigió a Corfú y finalmente atracó en Anzio. Acto seguido la pareja voló a Roma para dar las gracias a Juan XXIII por sus gestiones a fin de facilitar la boda, y de allí emprendieron viaje a Madrid para agradecer a Franco sus atenciones. Ese desplazamiento fue sugerido por la reina Victoria Eugenia y la reina Federica, y formalmente no se pudo consultar a don Juan porque este regresaba a Estoril en *El Saltillo*, que estaba incomunicado por un fallo en la radio del barco. Sofía afirmaría años más tarde, siendo reina, cuando se le preguntó acerca de si el encuentro se había organizado a espaldas de don Juan: «Ni de espaldas, ni de frente: se hizo. No contamos con el parecer de don Juan porque no era necesaria esta consulta».

Sofía había enviado a Franco, poco después de la boda, una carta manuscrita muy cariñosa, que prácticamente se la había dictado y corregido Juan Carlos, que empezaba con el encabezamiento de «mi estimado general», en la que le agradecía sus muestras de afecto y le comunicaba que se sentía orgullosa de la alta condecoración otorgada, así como del precioso regalo recibido con motivo de su enlace. Y concluía que todo ello hacía que se sintiera «ya unida a su nueva patria». Para añadir: «Y ardo en deseos de conocerla y servirla». Los términos de la misiva complacieron plenamente a Franco.

Los miembros del consejo privado de don Juan intentaron sin éxito que el encuentro de los recién casados con el matrimonio Franco no se produjera. El príncipe se incomodó con la situación, temiendo la ruptura con su padre. Tan pronto como aterrizaron en el aeropuerto de Getafe, el 5 de junio, se dirigieron al palacio de El Pardo, donde se encontraron con un Caudillo atento y cariñoso, que les invitó a almorzar al día siguiente. A la comida asistieron también la esposa del general, Carmen Polo, su hija Carmen y su marido, el marqués de Villaverde. El encuentro no pudo ir mejor: a Franco le encantó la princesa Sofía, que, a pesar de sus dificultades con el castellano, supo ganarse el afecto del Caudillo, que la encontró muy agradable, muy inteligente y muy culta. Franco tenía cada vez más claro que el príncipe Juan Carlos sería su sucesor: con su visita había demostrado independencia respecto a su padre y con su boda con la princesa Sofía había puesto de manifiesto que sabía elegir la persona que más le convenía. Sofía le explicaría a Pilar Urbano: «Yo pisaba España por primera vez en mi vida (…). Yo pensaba: ¿Simpatizaremos? ¿Habrá conexión entre su gente y yo? ¿Llegaremos pronto a un acuerdo? La situación de mi marido era muy delicada, muy difícil, muy extraña. Franco y don Juan querían cosas distintas. Eso yo lo tenía muy claro. Y había que nadar entre dos aguas, moviéndose con cuidado». Está claro que la princesa no naufragó en esta travesía entre las dos orillas.

Capítulo 4

LUNA DE MIEL POR ORIENTE CON FINAL SIN ALMÍBAR CON LOS KENNEDY

Manuel Fraga tomó posesión como ministro de Información y Turismo el 23 de julio de 1962 y entre las disposiciones que encontró en el llamado «libro verde», que contenía las instrucciones para la censura, figuraba la prohibición de dar relevancia a las informaciones sobre la luna de miel de Juan Carlos y Sofía. Franco no quería que se diera publicidad al viaje de la pareja, seguramente porque temía que la presencia de los príncipes al lado de personalidades del mundo democrático podía dar pie a incómodas consideraciones contrarias al régimen dictatorial que encarnaba.

El viaje de novios se planteó por parte de la pareja como una oportunidad para poner en valor el papel que podía jugar la corona en el futuro de España. Juan Carlos y Sofía eran descendientes de dos familias reales de larga tradición y representaban a una generación que no había protagonizado las grandes guerras que habían asolado Europa. De alguna manera, su juventud era un mensaje cargado de futuro. Así que un periplo por medio mundo para darse a conocer ante otros jefes de Estado y de Gobierno resultaba una iniciativa inteligente. Además, estar «en tránsito» cuando todavía don Juan y Franco disputaban acerca de dónde debían residir los príncipes, y no estaba claro el papel que debían desempeñar sin que pareciera que eran dos jóvenes ociosos, era también una manera de verlas venir. De darle tiempo al tiempo, de acabar de madurar su rol en el periodo de espera.

Por otra parte, concluir la luna de miel en Estados Unidos posibilitaba que fueran recibidos por el presidente John F. Kennedy en la Casa Blanca, lo que constituía una apuesta arriesgada para demostrar en Estoril y en Madrid que no eran dos títeres movidos por los largos brazos de un rey sin trono y de un general entronizado. Y también para enseñar su candidatura en Washington, sobre todo cuando el 26 de enero de 1962 el embajador de Estados Unidos en Atenas había enviado un comunicado al secretario de Estado Dean Rusk y al embajador en Madrid Robert Forbes en el que se decía que, a raíz de un accidente de caza del Caudillo en el que se hirió la mano izquierda, una fuente cercana a la corte griega aseguraba que Franco iba a presentar ante las Cortes españolas la cuestión de la sucesión real, sin que estuviera claro si iba a recomendar al conde de Barcelona o al hijo de este, Juan Carlos. Entrevistarse con Kennedy en la Casa Blanca y obtener una fotografía al lado del presidente del país más poderoso del planeta con los príncipes no era una cuestión baladí, sino que adquiría un alto contenido simbólico.

En el segundo libro de Pilar Urbano con la reina, Sofía reconoció que «aquella visita tenía su foto política cara a la España de Franco». Y añade: «Mi marido y yo entonces no éramos nadie, pero con los buenos oficios del embajador Garrigues hubo audiencia y hubo foto. Kennedy era un presidente joven, popular, vanguardista. Un estilo nuevo en América y nuevo en el mundo. En aquellos tiempos, los gobernantes eran muy mayores. Kennedy llegaba con un talante político muy distinto de lo habitual. No se conformaba con haber alcanzado la Casa Blanca y tener el poder. Él quería hacer cosas por su país, miraba hacia el futuro, tenía horizontes, propuso metas… Nos gustó su estilo. Como nosotros también éramos jóvenes y también teníamos un horizonte por el que trabajar, conectamos rápido». Es evidente que en ese encuentro hubo complicidad y que la Casa Blanca no se limitó a ofrecer una *photo opportunity*, que valía su peso en oro puesta en manos de los corresponsales de prensa, sino que también a partir de entonces los servicios de información iban a seguir muy de cerca los pasos de aquella pareja que tenía otra visión de España, alejada de los criterios del general de El Pardo, y que representaba a una nueva generación de españoles que no habían participado en la Guerra Civil.

A la vuelta del almuerzo con Franco en El Pardo, los príncipes reemprendieron el viaje de novios, volando a Roma para embarcar de nuevo en el yate *Eros* con destino a Montecarlo, donde Grace Kelly y Rainiero de Mónaco les ofrecieron una espectacular fiesta social en el Sporting Club. A la recepción acudieron numerosas estrellas de Hollywood como Frank Sinatra, Glenn Ford, Yul Brynner y Robert Wagner. De vuelta a Italia, atracaron el yate de Niarchos en Portofino, a fin de iniciar una luna de miel más convencional, más privada, sin el corsé (o con el estrictamente imprescindible) de escoltas, secretarios, ayudantes y embajadores. Estos últimos muchas veces no sabían exactamente cómo proceder ante la visita de los ilustres viajeros. Las indicaciones oficiales eran que ni siquiera fueran a recibirles para no importunarles en lo que era un periplo de dos recién casados, pero en la mayoría de los casos se ponían a su disposición para resolverles cualquier contingencia con la que pudieran encontrarse. En Bombay, por ejemplo, la policía les retuvo durante un buen rato porque dudaban de la condición de altezas reales que figuraba en sus pasaportes españoles. En cualquier caso, la pretensión de la pareja de huir de formalidades topaba con el inconveniente de la simpatía que despertaban tras la repercusión mediática que supuso la boda en Atenas, lo que a menudo obligaba a saludar a los altos mandatarios de los países que visitaban, que insistían en celebrar fiestas o cenas en su honor.

El viaje de novios de casi cinco meses se desarrolló en buena parte en Oriente. Estuvieron en la India con el pandit Nehru, que les ofreció su residencia, y conocieron a su hija Indira Gandhi, que entonces no pensaba en dedicarse a la política. En Nepal les recibió el rey Mahendra, en Tailandia conocieron a los reyes Bhumibol y Sirikit, con quienes entablarían una buena amistad que perduraría en el tiempo, en Filipinas les agasajó con gran cariño Diosdado Macapagal y en Hong Kong les abrió las puertas su gobernador Robert Brown Black. En Japón no pudieron ver al emperador Hiro Hito, que se encontraba fuera del país, pero se deshizo en atenciones hacia ellos el príncipe heredero Aki Hito.

Por cierto, cuando la pareja visitó por primera vez Bangkok, se produjo una anécdota que veinticinco años después recordaría la reina Sofía al periodista Jaime Peñafiel, durante una visita oficial a Tailandia. Sucedió que, recorriendo el centro de la ciudad con el único acompañamiento de un guía local, Sofía descubrió una joyería donde tenían a la venta un hermoso zafiro por el que preguntaron el precio. Los entonces príncipes descubrieron que el precio de la piedra preciosa excedía sus posibilidades y, a pesar de que regatearon, su presupuesto no alcanzó para comprarlo. Ambos quedaron frustrados: el entonces príncipe Juan Carlos porque no pudo regalarlo y la princesa Sofía porque no pudo tener su joya. Cinco años más tarde, los príncipes hicieron un nuevo viaje por Asia en compañía de un matrimonio amigo y entre las ciudades que visitaron figuraba de nuevo Bangkok. Como doña Sofía no había olvidado el zafiro, se acercó por su cuenta y en compañía de su amiga a la joyería, para intentar comprar la piedra preciosa. Su sorpresa fue grande al descubrir que la piedra había sido vendida hacía pocos días. Aquella misma tarde emprendieron rumbo a Bombay y allí Juan Carlos invitó al grupo a cenar en un elegante restaurante. A los postres, el príncipe sacó de su bolsillo un estuche y se lo entregó a doña Sofía. La reina contó que estuvo a punto de desmayarse, al descubrir que su marido le regalaba el zafiro por el que había suspirado durante cinco años. Él había ido a primera hora del día al establecimiento y le había pedido al joyero que no dijera quién lo había adquirido, porque se trataba de una sorpresa. «Aquel zafiro lo monté en un anillo y lo conservo como una de las joyas más queridas por su valor sentimental», le confesó la reina a Peñafiel.

La larga luna de miel concluyó en Estados Unidos, iniciándose el recorrido en Hawai para pasar luego a San Francisco, Los Ángeles, Nueva York y Washington, donde la estancia se fue convirtiendo en poco menos que en un viaje de Estado, lo que por un lado resultaba un inconveniente en tanto les impedía la libertad que deseaban, pero por otro suponía el reconocimiento de las autoridades del país más poderoso de la tierra, cuando su condición oficial estaba poco menos que en el limbo, a la espera de lo que decidiera Franco. En Los Ángeles visitaron la fábrica de aviones Douglas, uno de cuyos clientes era Iberia, la compañía de bandera española. Douglas había iniciado sus conversaciones con una de sus competidoras, McDonell, para fusionarse.

En Hollywood, el pianista José Iturbe les ofreció una cena de gala a la que asistieron, entre otros, Anthony Queen y Henry Fonda, con quien pudo bailar Sofía. En Nueva York se alojaron en un espléndido apartamento de la Quinta Avenida, propiedad de Marietta Goulandris, hija de un armador griego y amiga de infancia de la princesa, con quien había jugado en su exilio de Sudáfrica. En la capital de los rascacielos les organizaron algunas fiestas con lo más selecto de la sociedad neoyorquina, en la que no faltaron banqueros, senadores, empresarios y la aristocracia local, en la que acostumbraba figurar siempre algún pariente de los Kennedy. Desde allí se desplazaron a Cabo Cañaveral, el principal centro de actividades espaciales, y la Academia Militar de West Point, el instituto de formación militar más antiguo del país.

Finalmente les recibió el presidente de los Estados Unidos, John F. Kennedy en la Casa Blanca, gracias a las gestiones del embajador Antonio Garrigues y Díaz Cañabate, que seguramente fue más allá de lo que esperaban de él sus superiores. El ministro de

Exteriores, Fernando María Castiella, no hizo nada para que el encuentro se produjera, pero tampoco intentó boicotearlo, simplemente no se dio por enterado. No obstante, Garrigues consiguió que el 30 de agosto de 1962 los príncipes fueran recibidos por el presidente estadounidense y que las agencias internacionales trasmitieran fotografías del encuentro en el Despacho Oval, unas imágenes que representaban el respaldo de la Casa Blanca a la pareja como esperanza del futuro de una nueva España. Un país que por aquellos mismos días solicitaba el ingreso en la Comunidad Económica Europea mediante carta del ministro Castiella, pero que obtenía la negativa como respuesta. La razón era bien clara: Europa no podía admitir en su seno a un país con un régimen no democrático, que no reconocía las libertades individuales y que no era el resultado del mandato de las urnas.

Al concluir su luna de miel, Juan Carlos y Sofía vivieron provisionalmente entre Estoril y Atenas. La estancia en la capital griega coincidió con las celebraciones del aniversario de la liberación de Grecia de los italianos. Se alojaron en la casa natal de la princesa, la misma que los reyes les ofrecieron en caso de quedarse a vivir en su país. De hecho una apendicitis de Sofía permitió prolongar la permanencia desde octubre hasta el mes de enero. Luego volvieron a Estoril para celebrar el veinticinco aniversario de Juan Carlos con su familia, pero tres días después estaban de vuelta en Atenas para conmemorar las bodas de plata de los reyes de Grecia.

Encontrándose de nuevo en Estoril, la pareja de recién casados decidió instalarse en Madrid, porque ambos lo habían hablado largamente, llegando a la conclusión de que no se podían echar por la borda los años que Juan Carlos había pasado en España formándose, lejos de sus padres. Y que la única manera de conseguir que en España se reinstaurara la monarquía era permaneciendo en el interior del país, conociendo su realidad cotidiana y dándose a conocer como príncipes. En febrero de 1963 estaban definitivamente de vuelta.

El palacio de La Zarzuela que se encontraron, más allá de las reformas encargadas por Franco, estaba lejos de ser el hogar soñado. Frío, desangelado y austero, tenía pocos muebles y no siempre del mejor gusto. Sofía se encargó de traer mobiliario de su casa de Psychico, de aprovechar algunos de los regalos de boda y de hacer alguna compra más de enseres, a fin de darle calidez al lugar, situado en mitad de un antiguo coto de caza. Juan Carlos quiso implicarse también en la decoración, acondicionando un despacho y una sala para recibir invitados.

Sin embargo, más allá de estos cambios físicos del palacio, lo más complejo era dar sentido a su papel en la sociedad española. De todos modos, el príncipe Juan Carlos tenía muy claro que había que estar al lado de la gente, así que, en septiembre, al poco de volver de su largas vacaciones posnupciales, se desplazó a Cataluña acompañado de la princesa, con ocasión de las lluvias torrenciales que cayeron en las comarcas del Vallés. La fuerza del agua se llevó pueblos, casas, familias enteras, contabilizándose trescientos muertos y más de cuatrocientos desaparecidos. Franco solo le dio un consejo acerca de lo que le tocaría hacer de entonces en adelante: «Viaje, alteza, salga y haga que le conozcan». Sofía secundó a su marido en esta tarea viajera por darse a conocer, para no resultar un extraño a sus conciudadanos. Su agenda pronto se iba a llenar de actos, a los que eran requeridos a pesar de que «no eran nadie», pero significaban mucho.

Juan Carlos dedicó asimismo su tiempo a recorrer los distintos ministerios, así como a aprender la organización de la Administración española. Además acompañaba a Franco en los actos militares que este presidía. Todo se desarrollaba bajo la atenta mirada del Caudillo y su entorno más directo, sin que la pareja tuviera demasiado margen, más que para poner su sello personal. Este afán por imponer una manera de ser y por marcar su territorio iba a unir aún más a la pareja. Sofía había visto cómo una monarquía como la griega había vuelto a implantarse y sabía que les esperaba un largo y tortuoso camino en España, pero tenía claro que la reinstauración era posible. Juan Carlos encontró en su fuerte personalidad el apoyo necesario en tiempos difíciles. Sin marcar distancias con el dictador y manteniendo una relación cordial con Franco supieron vencer los resquemores del propio general, que vigilaba cada movimiento de la pareja. De hecho, el personal de La Zarzuela había sido elegido por Patrimonio Nacional, así que cada llamada, cada carta y cada visita eran examinadas y contadas fielmente a Franco. Un alto funcionario de la Presidencia del Gobierno, que ocupaba Luis Carrero Blanco, fue designado para servir de enlace entre este y el príncipe. En todo caso, el posibilismo de Juan Carlos acabaría a la larga teniendo recompensa.

El primer acto oficial de los príncipes fue la misa anual de réquiem por los reyes de España que se celebró en el monasterio de El Escorial el 28 de febrero de 1963, fecha en la que se conmemora la muerte de Alfonso XIII. Presidieron la solemne ceremonia al lado de Franco, pero al día siguiente su presencia ni siquiera fue mencionada en los medios de comunicación. Con esa ambigüedad tan característica de Franco, en la que se mezclaban el afecto y la desconfianza, el general había dado instrucciones para que se les borrara de las informaciones, sin que Fraga, recién nombrado ministro de Información, tuviera noticia de la orden. Juan Carlos y Sofía entendieron desde el primer día que les quedaba por delante una ardua y difícil tarea.

Capítulo 5

EL NACIMIENTO DE ELENA: CUANDO DON JUAN Y DOÑA MARÍA NO PUDIERON PISAR MADRID

*E*n marzo de 1963, Sofía viajó sola a Atenas para asistir a las celebraciones del centenario de la familia real griega y eso disparó rumores de una separación de la pareja en la prensa helena, lo que provocó una insólita pregunta en el Parlamento del diputado Elías Bredimas sobre cuál sería el destino de la dote de la princesa en caso de que fracasara el matrimonio. Pronto el globo se deshincharía al conocerse que la princesa Sofía estaba embarazada. Laureano López Rodó contó en uno de sus libros de memorias la alegría con que Juan Carlos le comunicó que esperaban un niño para finales de año. López Rodó era miembro del Opus Dei, catalán y monárquico, pero igualmente una persona muy sensata, reflexiva y eficaz. Había sido preceptor de Juan Carlos a finales de los cincuenta, así que lo conocía bien, le tenía verdadero cariño y creía que podía ser el candidato para suceder a Franco al frente de una monarquía. Por aquellos días había recibido el encargo del Caudillo de enseñarle el funcionamiento de la Administración Pública española, tutelando los encuentros con altos cargos de la misma.

Los preparativos para el nacimiento del primer hijo de los príncipes fueron sin duda una de las principales preocupaciones de la pareja durante aquel verano. Juan Carlos le escribió en julio una carta a Franco pidiendo que autorizara que sus padres asistieran al bautizo, si bien el general no se dignó a responder hasta diciembre, cuando el embarazo llegaba a su final. El Caudillo mostró entonces su complacencia al respecto, aunque advertía que el acto no debía perder el carácter íntimo y familiar, para que no pudiera explotarse el acontecimiento con fines partidistas.

El 20 de diciembre Sofía dio a luz una niña, que iba a llamarse Elena. La reina Victoria Eugenia no pudo viajar desde Suiza, pero en cambio los condes de Barcelona, acompañados por las infantas Pilar y Margarita, partieron por carretera hacia Madrid. El príncipe les esperaba en la frontera portuguesa, el día 26. Era la primera vez que Franco les autorizaba a acercarse a Madrid, pero su sorpresa fue grande cuando se les obligó a alojarse en El Soto, la finca del duque de Alburquerque en Algete, situada a treinta kilómetros al noreste de la urbe. Don Juan consideró una humillación que no pudiera pasar la noche en la capital de España, pero no quiso que su disgusto empañara la alegría que sentía su hijo. Así que cumplió con lo establecido y de El Soto los condes de Barcelona se desplazaron por la mañana a La Zarzuela, donde asistieron al bautizo, que se celebró en el salón principal de palacio. Allí fue instalada la pila de la iglesia de Santo Domingo, con agua bendita del Jordán, de acuerdo con la tradición. Ofició el nuncio de su santidad, monseñor Riberi, y actuaron como padrinos doña María, la abuela de la pequeña, y Alfonso de Orleáns Borbón, su tío abuelo. En cualquier caso, la prensa de la época recogió la fotografía del encuentro entre Franco y don Juan en palacio, en la que ambos se esforzaron por dar una imagen de cordialidad. Sin embargo, la reina aclaró años más tarde que «no hubo nada entre ellos: un par de frases corteses y triviales; pero ni un aparte ni nada, pues a Franco no le interesaba hablar con don Juan».

La fotografía en la que se veía al matrimonio Franco charlando con el conde de Barcelona contrastaba con una larga entrevista que el general había concedido al diario francés *Le Figaro*, donde, a la pregunta de si preveía el restablecimiento de la monarquía en la persona de don Juan o de Juan Carlos, respondió que nunca ponía fronteras al tiempo, que no había llegado el momento de tomar una decisión y que los defectos personales de determinados monarcas perjudicaban muchas veces a la institución monárquica, lo que se interpretó en los ambientes políticos madrileños como una clara referencia a don Juan y una manera sutil de declararlo no apto para el puesto. Seguramente por esta razón el párrafo fue eliminado en la versión de la entrevista reproducida en España. El general Carlos Martínez-Campos, duque de la Torre y consejero de don Juan, le comentó al embajador británico George Labouchere que las declaraciones del Caudillo reflejaban el rechazo a don Juan y la voluntad de que Juan Carlos le sucediera, aunque creía que nada de eso sucedería hasta que el príncipe hubiera cumplido los treinta años.

Al año siguiente, 1964, se cumplían veinticinco años de la victoria de Franco en la Guerra Civil y el régimen llenó las calles de carteles con el eslogan «25 años de paz». Los ministros más aperturistas del régimen, como Fraga o López Rodó, le apremiaron para que promulgara la Ley Orgánica del Estado, que, a modo de constitución del régimen, iba a aglutinar las distintas leyes fundamentales y, de paso, a concretar la sucesión. El general presentaba los primeros síntomas de la enfermedad de Parkinson, pero ello no le impidió comentar durante una ceremonia en la que recibió una medalla conmemorativa de su ascenso al poder que esperaba presidir una ceremonia similar al cabo de otros veinticinco años. El viejo militar, de setenta y dos años, presentaba un aspecto más envejecido, pero la edad no había hecho mella en su ironía gallega.

Por lo demás, Franco se mostraba orgulloso del afecto que le profesaban los príncipes y complacido por los viajes de la pareja para darse a conocer. Solo le preocupaba que algunos círculos monárquicos pudieran influirles negativamente. Y le gustaba el patriotismo de su conducta, pues estaba convencido de que, llegado el momento, facilitaría que Juan Carlos aceptara la Ley de Sucesión y jurase los Principios del Movimiento. Ciertamente pensaba que el príncipe era muy joven, pero entendía que el tiempo jugaba a su favor.

Franco se mostraba cada vez más achacoso y al vicepresidente Agustín Muñoz Grandes, que en uno de los consejos de ministros había sido la persona elegida para garantizar la sucesión después de Franco o para sustituirle en caso de enfermedad, le descubrieron un cáncer de riñón. Ello comportó que varios ministros presionaran claramente a Franco, diciéndole que el país tenía todo el derecho a saber qué le esperaba en el futuro. Se cuenta que fue una de las sesiones menos previsibles de cuantas se habían visto en El Pardo, durante la que el Caudillo tuvo alguna inusual salida de tono. El asunto se recondujo sin que la discusión llegara a más y lo cierto era que Camilo Alonso Vega tenía casi a punto la redacción de la Ley Orgánica. El propio príncipe preguntó a Franco días más tarde acerca de si realmente avanzaba el citado texto legal y el general respondió que lo estaba estudiando, como si le incomodara referirse a un documento en el que se debía aludir a su sucesión. Juan Carlos no se conformó con la elusiva respuesta y le comentó a Franco que también a él le preguntaban a menudo si le iban a nombrar príncipe de Asturias, sin que supiera qué responder. En este encuentro le informó de que la princesa Sofía volvía a estar embarazada y que esperaban un niño para el mes de junio. El Caudillo le felicitó y le dijo que le gustaría que la reina Victoria fuera la madrina, aunque aclaró que no quería entrometerse en las decisiones de la pareja. Juan Carlos aprovechó estas palabras para asegurar que agradecía siempre sus consejos y que le encantaría que le llamara con más frecuencia.

Cristina de Borbón nació el 13 de junio de 1965 y esta vez don Juan declinó asistir a la ceremonia, tras escuchar a su consejo privado. Finalmente los padrinos fueron la infanta Cristina de Borbón y Battenberg, hija de Alfonso XIII, y Alfonso de Borbón

Dampierre. No faltó el matrimonio Franco al lado de Juan Carlos y Sofía.

El dilema moral del príncipe le tenía realmente angustiado. Aquel año de 1965, el consejo privado de don Juan («consejo de rabadanes» le llamaba despectivamente el Caudillo) había adoptado una política de distanciamiento con respecto a Franco, y la ausencia de los condes de Barcelona en el bautizo respondía a esta nueva estrategia. Juan Carlos era leal a su padre, pero entendía que el abismo entre ambos se iba haciendo cada vez mayor. Además, empezaba a vislumbrar que él era el candidato del general para sucederle, aunque los falangistas le maltrataban saboteando su presencia en la prensa e incluso en algunos actos sociales.

Carrero y López Rodó pilotaban una llamada «operación príncipe» para convertirlo en el sucesor e incluso se notificó a las autoridades locales que le otorgaran la consideración de Alteza. Manuel Fraga dio una entrevista a *The Times* en la que afirmaba que estaba cada vez más aceptado que cuando terminara el régimen de Franco, Juan Carlos sería el rey de España. Era evidente que el ministro de Información y Turismo no hizo esta declaración sin haberla consensuado antes con Franco, como tampoco era casual que la agencia Efe hubiera transmitido a sus asociados un resumen en el que figuraba la respuesta del ministro sobre la sucesión.

La entrevista cayó como un jarro de agua fría en Estoril, donde un par de consejeros intentaron replicar, recordando los derechos legítimos de don Juan. Algunos falangistas, por su parte, empezaron a enarbolar como alternativa a Juan Carlos el nombre de Alfonso de Borbón Dampierre, personaje más cercano a su ideología reaccionaria. José María Ruiz Gallardón y Torcuato Luca de Tena se reunieron a los pocos días con el corresponsal en Madrid del diario londinense *The Times* para negar que el conde de Barcelona hubiera renunciado a sus derechos a favor de su hijo. Don Juan se apresuró a afirmar al embajador estadounidense que Juan Carlos estaba a sus órdenes. En la revista estadounidense *Time* el príncipe declaró a principios de 1966: «Yo nunca aceptaré la corona mientras mi padre viva», lo que parecía una frase forzada para tranquilizar a su progenitor.

Algunos consejeros propusieron ir más allá de las declaraciones y aconsejaron celebrar un acto público de lealtad al conde de Barcelona, el 5 de marzo de 1966, en el hotel palacio de Estoril, con la excusa de conmemorar el veinticinco aniversario de la muerte de Alfonso XIII. Allí se leería una declaración avalada por todos los miembros de su consejo privado, donde don Juan sería proclamado el heredero indiscutible de la corona de España. Juan Carlos se avino a asistir para refrendar el redactado, lo que constituía una forma pública de renunciar a suplantar a su padre. Sin embargo, el día anterior José María Pemán y el duque de Alba lo visitaron en La Zarzuela para cerciorarse de que iría. El príncipe incluso les enseñó el billete de avión para que no tuvieran ninguna duda. Sin embargo, poco antes del almuerzo, sonó el teléfono de Villa Giralda y Juan Carlos le comunicó a su padre su imposibilidad de acudir, pues había enfermado repentinamente. Su afección estomacal fue considerada una mala excusa por parte del conde de Barcelona, que le respondió de malos modos, y ante sus consejeros, que no tenía derecho a ponerse enfermo.

Ese mismo día, sin que lo supiera don Juan, el príncipe y la princesa visitaron a Franco para explicarle que había declinado asistir a la reunión en Estoril a pesar del empeño de su progenitor. El general se mostró complacido por la postura de Juan Carlos, quien al parecer había comentado los hechos con la familia real griega, que le había recomendado que buscara una excusa para no estar presente en Estoril. A los pocos meses, el príncipe acudió a una reunión con políticos reformistas en casa de Joaquín Garrigues Walker, hombre bien relacionado con la Administración de Estados Unidos, presentándose como alternativa a la incompatibilidad entre Franco y el conde de Barcelona. Aquel grupo de hombres de tradición liberal descubrió a un hombre muy distinto al que algunos intentaban desacreditar con chascarrillos de café. Incluso en un consejo de ministros, uno de sus miembros comentó que la inteligente era realmente la princesa y López Rodó le respondió que si le conociera, como era su caso, no diría esas cosas, pues el príncipe resultaba una persona muy lista. Juan Carlos era un hombre que sabía escuchar, que entendía que España debía evolucionar y que quería ganarse el afecto de los ciudadanos para un día poder ser el rey de todos los españoles.

Don Juan vivió como una afrenta la ausencia de su hijo en aquel acto de desagravio. Su discurso fue claro y diáfano: reafirmó categóricamente sus derechos dinásticos, subrayando que le desagradaba profundamente la consideración de pretendiente, puesto que su derecho al trono era indiscutible de acuerdo con el principio hereditario de la corona. A sus consejeros privados el conde de Barcelona les comunicó que el príncipe había salido de su autoridad y había desobedecido la orden que él le había dado. Consideró un error que se fuera a vivir a La Zarzuela tras su boda. Calificó de rota la unidad de la dinastía y afirmó que toda la política seguida hasta entonces de mantener un mismo criterio con su hijo ya no era posible: «Resultaría absurdo mantener la ficción, así que ha llegado el momento de plantearse una nueva política».

El conde de Barcelona decidió dinamitar los puentes con Franco. Creó un secretariado, con ínfulas de gobierno paralelo, e incorporó a José María de Areilza, conde de Motrico, que un año y medio antes había dimitido como embajador en París, tras la crisis del congreso de Múnich («contubernio» le llamó el diario del Movimiento *Arriba*) y el fusilamiento de Julián Grimau por ser el hombre en el interior del PCE. Su ejecución desató una ola de protestas en todas las capitales europeas. Areilza era un hombre importante, que se consideraba que iba a ser el sucesor natural de Castiella al frente de Exteriores, así que su dimisión primero y su alineamiento como colaborador de don Juan después fueron un golpe bajo a Franco. El propio Areilza se vio semanas más tarde con Juan Carlos en palacio, para hablar de la estrategia a fin de restaurar la monarquía, obteniendo del príncipe únicamente buenas palabras y la frase: «La Zarzuela no se mete en política», que fue interpretada como la rúbrica al distanciamiento de las posiciones de Estoril.

Desde hacía unos meses Juan Carlos había nombrado a Nicolás de Cotoner, marqués de Mondéjar, jefe de su casa y al teniente coronel Alfonso Armada su secretario personal. Franco le ampliaba el equipo de colaboradores, como si quisiera dar más relevancia a la institución. El marqués de Mondéjar era una persona apreciada en la sociedad madrileña, pero también en el arma de Caballería, y lo más importante, resultaba una persona de la absoluta confianza de Franco. El general monárquico Juan Castañón de Mena seguía siendo la persona puente entre Franco y el príncipe, pero sobre todo el hombre en el que apoyarse para resolver toda suerte de problemas, gracias a su gran proximidad con el Caudillo, junto a quien había combatido en Marruecos. Mondéjar, que llegaría a estar veinte años al servicio de Juan Carlos, tuvo una gran influencia sobre el príncipe en aquellos años difíciles, hasta el punto de que llegó a definirlo como «mi segundo padre», lo que no era poco tal como se iban configurando las relaciones con el primero.

Capítulo 6

LA JOVEN PAREJA ANTE EL DESAFÍO DEL CANDIDATO ALFONSO DE BORBÓN

*E*l 21 de julio de 1966 Luis María Anson, uno de los colaboradores más estrechos de don Juan, publicó un artículo titulado «La monarquía de todos» en el diario *ABC*, donde exponía el compromiso del conde de Barcelona con la democracia y recordaba que el príncipe había declarado que no aceptaría el trono mientras su padre viviera. Franco montó en cólera cuando leyó la columna de opinión y ordenó la retirada de toda la edición de los kioscos. Anson acabó expatriado en Hong Kong. En respuesta a este artículo, el diario *Pueblo* publicaba solo nueve días más tarde una entrevista a Alfonso de Borbón Dampierre titulada «El príncipe prudente», que era un dardo envenenado a Juan Carlos, pues resultaba una manera sibilina de calificarle de príncipe imprudente. A lo largo de la interviú, se insinuaba que Alfonso podía perfectamente ser nombrado sucesor, pues el entrevistado consideraba que no tenía ninguna validez la renuncia al trono de su padre, don Jaime. De hecho, Jaime era el segundo de los hijos de Alfonso XIII y Victoria Eugenia. Era sordomudo de nacimiento y su padre, cuando el primogénito abdicó de sus derechos para casarse con una mujer que no pertenecía a la realeza, le pidió a Jaime que hiciera lo mismo, renunciando el 23 de junio de 1933, durante el exilio. Cuatro meses después de su segundo matrimonio, esta vez con una cantante de cabaré prusiana, el infante intentó que su renuncia a los derechos de sucesión a la corona de España fuese invalidada, oponiéndose a que su hermano don Juan se erigiese como jefe de la Casa Real.

«Mi obligación es estar al servicio de España cuando se me requiera», había declarado Alfonso de Borbón en el diario madrileño, presentándose como alternativa a Juan Carlos. Alfonso siempre tuvo el convencimiento de que la renuncia paterna era nula, porque no podía renunciarse en perjuicio de terceros, máxime cuando estos ni siquiera habían nacido cuando su progenitor firmó aquel documento redactado por un grupo de monárquicos.

Alfonso de Borbón Dampierre había venido al mundo en Roma, igual que Juan Carlos. Había estudiado junto a su hermano Gonzalo en la capital italiana y más tarde fueron recluidos en un internado suizo, después de que sus padres se divorciaran siendo niños. Ambos solían acudir a Lausana para visitar a su abuela la reina Victoria Eugenia, que se encariñó con ellos. A los diecisiete años, Alfonso no hablaba español, así que tuvo que contratar a un profesor particular a fin de que le diera clases en el propio internado. Alfonso XIII nunca consideró a sus nietos Alfonso y Gonzalo miembros de la línea sucesoria tras la renuncia de su padre, el infante Jaime. Franco aceptó en 1954 que regresaran a España. Alfonso residió en Bilbao, donde empezó a estudiar Derecho en la Universidad de Deusto, aunque dos años después pudo establecerse en Madrid, continuando su carrera en el CEU San Pablo de Madrid.

Una de las personas que más alentó la candidatura de Alfonso de Borbón fue el ministro secretario general del Movimiento José Solís Ruiz, que soñaba con un «príncipe azul», término con segundas, pues ese era el color de las camisas de los falangistas. Solís había mostrado repetidamente su hostilidad hacia Juan Carlos en los actos públicos en los que intervenía, y más tarde pugnaría para que los alcaldes de las poblaciones que visitaban los príncipes les dieran un trato de bajo perfil, sin boato ni ceremonia, por más que el ministro de Gobernación Camilo Alonso Vega hubiera enviado una circular a los gobernadores civiles para que no escatimaran gastos para dar brillantez a la visita. Asimismo, el empresario y político falangista Mariano Calviño, procurador en Cortes y consejero de Franco, figuraba entre los valedores de Alfonso de Borbón, intentando convencer a Franco de que era más adicto al régimen y estaba más preparado que su primo. Otros personajes que se fueron sumando a la causa de Alfonso de Borbón eran el exministro falangista José Antonio Girón y los generales llamados azules como Ángel Campano, Tomás García Rebull o Alfonso Pérez Viñeta. Al Caudillo le iba bien esta rivalidad porque resultaba una manera de recordarle a Juan Carlos la dependencia de su voluntad. También se lo subrayaba con pequeñas humillaciones, como el hacerle viajar en turista en los vuelos de Iberia, argumentando razones presupuestarias.

El diario *Pueblo*, después del elogio de Alfonso de Borbón, decidió entrevistar al príncipe, quien alabó a su padre —«Él me ha enseñado cómo se debe uno sacrificar y cómo se ama a la patria en todos los momentos y circunstancias»— y se presentó igualmente como sucesor: «Hace ya más de diez años que juré en Zaragoza la bandera de España; este juramento encierra una promesa inquebrantable de servir al país de una forma total». Era evidente que Juan Carlos sabía, por boca de Carrero, López Rodó y el propio Franco, que su padre no tenía opciones para regresar como rey, y había aceptado la idea de ser él quien fuera el sucesor del Caudillo. Preston no tiene ninguna duda de que 1966 fue el año en que Juan Carlos aceptó que si un rey volvía a reinar en España debía ser él.

Sin embargo, en los meses siguientes se iba a poner en marcha otra «operación príncipe», que acabaría teniendo la dimensión de un complot, a fin de presentar a Alfonso de Borbón no solo como el candidato ideal, sino como el que encarnaba la legitimidad histórica, sobre todo después de que empezara a cortejar a Carmen Martínez-Bordiú, la nieta de Franco, a pesar de que solo tenía dieciséis años de edad. Una nueva entrevista, en este caso al corresponsal de *Le Figaro*, donde decía que no se consideraba pretendiente en aquel contexto político, pero al mismo tiempo destacaba que no tenía derecho a olvidar que le concernían directamente las condiciones establecidas en esta materia en la Ley de Sucesión, sirvió para demostrar que Alfonso de Borbón estaba dispuesto a jugar fuerte.

Las relaciones entre Juan Carlos y su primo Alfonso no habían sido malas hasta entonces, como lo probaba que le había pedido que fuera el padrino en el bautizo de su hija Cristina. Pero la rivalidad se hizo evidente a partir de aquel año, e iba a serlo todavía más a partir del hecho indiscutible de que la relación con la nieta de Franco avanzaba formalmente. En cualquier caso, cuando en 1969 Juan Carlos fue nombrado sucesor, fue uno de los pocos miembros de la familia real española que respaldó con la rúbrica a su primo. Alfonso firmó en El Pardo, sin que le importara granjearse la enemistad del conde de Barcelona. José María Zavala encontró una carta enviada a su abogado y amigo José Antonio Dávila, cuando Alfonso ya era embajador en Estocolmo, en la que decía: «Cuanto más ancha sea su base, más solida será la institución, cuya esperanza nacional encarna mi primo el príncipe de España». De todas maneras, la consideración de príncipe de España y no de Asturias, resultaba una manera de reconocerle sucesor de Franco, pero no a efectos dinásticos.

Antes de partir como embajador en Estocolmo en diciembre de 1969, Alfonso de Borbón comentó a Laureano López Rodó, tal como ese reproduce en uno de sus libros de memorias: «Solo tengo dos lealtades: al Generalísimo y a don Juan Carlos. Si surge algún otro pretendiente, yo saldría al paso. Reconozco la instauración del 22 de julio y a mi primo, en tanto respete los Principios Fundamentales. Si no los respetara, dejaría de reconocerle».

La ofensiva de Alfonso de Borbón iba a vivir una nueva acometida con ocasión de la boda con Carmen Martínez-Bordiú, en 1972. Cuando se conoció el compromiso matrimonial, Pedro Sainz Rodríguez, ministro de Instrucción Pública en el primer gobierno de Franco tras la guerra, consejero de don Juan después y finalmente uno de los artífices del nombramiento de Juan Carlos tras darse cuenta de que era imposible que Franco aceptara al conde de Barcelona, declaró horrorizado: «Pues si Franco no estira pronto la bota se puede ir al quinto carajo con todo lo que hemos hecho hasta ahora; hay que joderse, menuda putada». El enlace dio alas a los falangistas y a los franquistas más recalcitrantes —una poderosa camarilla que empezó a calificarse en algunos medios de comunicación como «el búnker»— para promover una curiosa dinastía Borbón-Martínez. Estos sectores contaron con la complicidad de Carmen Polo y del marqués de Villaverde, que, coincidiendo con el declive físico de Franco, intentaron cambiar el curso de la historia. En las invitaciones de boda que mandaron desde El Pardo, el novio aparecía como «Su Alteza Real el príncipe Alfonso», un título al que no tenía ningún derecho.

Laureano López Rodó fue uno de los personajes más activos en desmontar estas maniobras. La primera batalla que ganó el ministro fue impedir que las Cortes y el Consejo del Reino tuvieran que manifestarse sobre el enlace, trámite que daría carta de naturaleza a Alfonso de Borbón como otra opción al trono. Igualmente, López Rodó se opuso en redondo a la solicitud de que pudiera usar el título de príncipe de España, solicitando al titular de Justicia, Antonio María de Oriol, el dictamen para refrendar su negativa. Incluso don Juan, más allá del disgusto con su hijo después de ser proclamado sucesor saltándose el principio hereditario, envió una carta de su puño y letra recordando que la rama de los Borbones que encarnaba la tradición dinástica era la que él y el príncipe Juan Carlos representaban, y no ninguna otra.

Todavía antes de la boda, Alfonso insistirá ante el ministro de Justicia en que nunca había aceptado la renuncia de su padre y, si suscribió la designación de Juan Carlos como futuro rey, había sido porque se trataba de un acto legal cuya derogación resultaría demasiado complicada. Sostenía que su padre era el jefe de la casa de Borbón y que su renuncia era anterior a su nacimiento y que no hubo matrimonio morganático porque fue con consentimiento del rey Alfonso XIII: «Cuando falte mi padre, nadie podrá impedir que yo sea el jefe de la casa y que luego lo sean mis herederos. Eso no tiene nada que ver con que la corona corresponda a otros miembros de la familia».

Tras el enlace, Alfonso de Borbón decidió dar por terminada su estancia en Estocolmo en calidad de embajador e ir a vivir a Madrid, «para facilitar las relaciones entre el Caudillo y el príncipe de España», y para más inri eligió como primera casa un chalet en los jardines de El Pardo. Antes, nada más aterrizar después del viaje de bodas, Carmen Polo hizo una aparatosa reverencia, como la que solo se da a los reyes, a su nieta, a la vista de todo el mundo. Por aquellos días presionó a Carrero Blanco para que dispusiera su nombramiento como segundo en la línea sucesoria después de Juan Carlos, y a tal fin llegó a visitar cuatro veces al ministro de la Presidencia, en otoño de 1972. Carmen Polo alentó igualmente el deseo de Alfonso ante su esposo el Caudillo.

En cualquier caso, si le hubiera ocurrido cualquier desgracia a Juan Carlos, era evidente que Alfonso figuraba como principal candidato a ocupar su lugar, entre otras razones porque al sucesor Franco no le había reconocido la consideración de príncipe de Asturias propia del heredero de la corona de España. Más tarde, el príncipe manifestaría que había pasado los momentos más tensos de su vida durante aquellas semanas posteriores a la boda de su primo. Es más, Franco no veía mal que el marido de su nieta tuviera el título de príncipe, pues era nieto de Alfonso XIII. E incluso llegó a pensar que, por el hecho de haberse casado con Carmencita, le querían quitar tan alta consideración. Tuvo que ser el ministro Oriol quien le explicara que nunca había tenido derecho al título. Para evitar más tensiones, Juan Carlos hizo una hábil propuesta a Franco, después de convencer a don Juan, para que su primo recibiera el título de duque de Cádiz, que es uno de los que pertenecen a la Casa Real.

Las relaciones entre la familia Villaverde y el palacio de La Zarzuela se resintieron de estas tiranteces. Sofía estuvo al lado de su marido a la hora de mantener una postura intransigente y no dejar pasar ni una con respecto a las aspiraciones de Alfonso de Borbón. Ella era una persona joven, pero al mismo tiempo una mujer fuerte, que tenía muy en cuenta las opiniones de su madre la reina Federica, su mejor consejera en asuntos de realeza. Juan Carlos ha reconocido en más de una ocasión que su esposa fue su mejor aliada en esos tiempos de intrigas e incertidumbres. Ella nunca olvidó que era una princesa, así que podía ser muy cordial habitualmente con Francisco Franco o con Carmen Polo, pero también manifestar frialdad y distancia cuando entendía que no se estaban comportando noblemente.

Franco era un anciano de ochenta años cuando se casó su nieta. Un militar achacoso que se dormía en los consejos de ministros y que no estaba para las sutilezas sobre la familia real que le explicaba el ministro de Justicia, y le hizo pagar al príncipe su negativa a compartir título de alteza real con su primo, negándole su presencia en distintos actos, a algunos de los cuales había sido expresamente invitado. Juan Carlos estaba realmente alarmado ante tantas incomprensiones. Sabiamente aconsejado, hizo algunas visitas al exterior para darse a conocer fuera de sus fronteras, como por ejemplo al Reino Unido, donde le recibió el primer ministro laborista Harold Wilson, que se llevó una buena impresión de un príncipe convencido de que España debía avanzar hacia una democracia.

Mientras Alfonso de Borbón veía cómo se sumaban otros pesos pesados del régimen, como el almirante Pedro Nieto Antúnez y el presidente de las Cortes Alejandro Rodríguez de Valcárcel, a la conspiración del clan de los Villaverde, el grupo cada vez más numeroso de fieles a Juan Carlos, entre los que destacaba progresivamente la figura de Torcuato Fernández Miranda, jugó fuerte por la salida de Alfonso de Borbón del país. El ministro de Asuntos Exteriores Gregorio López Bravo intentó que aceptara otra embajada, en este caso la de Argentina, pero él se negó porque aspiraba a un ministerio, aceptando finalmente, aunque de mala gana, la presidencia del Instituto de Cultura Hispánica, lo que le obligaba al menos a viajar a menudo, que era una manera de alejarle de España.

La camarilla de El Pardo intentó en los meses siguientes impedir el acceso del príncipe a Franco. El nombramiento de Carlos Arias Navarro tras el asesinato de Carrero satisfizo a los intrigantes a favor de Alfonso, sobre todo cuando se enteraron de que el presidente no le había comentado los cambios en el gobierno a Juan Carlos. Pero la decadencia de Franco y del régimen que encarnaba no iba a darles tiempo a más complots que no fueran las maniobras para intentar salvar los muebles.

José Luis de Vilallonga escribe en *El rey* un párrafo que ayuda a entender lo que representó Alfonso de Borbón para las aspiraciones del príncipe: «Alfonso de Borbón Dampierre, más que un obstáculo en el camino que iba a conducir a don Juan Carlos hasta la corona, fue una espada de Damocles, suspendida sobre su cabeza. Triste, vindicativo y amargo, nunca aceptó el hecho de haber nacido sin ninguno de los derechos que pretendía». Con la distancia del tiempo se podía añadir que ni era más listo que Juan Carlos, como aseguraba la camarilla que le animaba en su batalla imposible, ni tenía mayor legitimidad, ni siquiera tenía la suerte que debe acompañar a alguien que aspiraba a estar al frente de su país. Alfonso de Borbón fue un hombre desgraciado, que nunca entendió nada y que tuvo una vida tremendamente desdichada. Su infeliz infancia lejos de sus padres separados, su tormentoso divorcio, la muerte de uno de sus hijos en un accidente de coche que él conducía y su espeluznante muerte degollado mientras bajaba por unas pistas de esquí en Beaver Creek, Colorado, marcan una biografía que reúne todos los tintes de la tragedia.

Capítulo 7

LA ANGUSTIA DE JUAN CARLOS ANTE EL GOLPE EN GRECIA CON SOFÍA EN TATOI

Constantino de Grecia había sucedido al rey Pablo a su muerte por cáncer en 1964. Tres años después, el 21 de abril de 1967, se encontró con un golpe militar que depuso al gobierno y estableció una junta militar. Constantino tan solo tenía veintitrés años cuando se sentó en el trono. Era un joven apuesto, que había gozado de gran popularidad tras la obtención de la medalla de oro de vela en los Juegos de 1960 y la posterior boda con la princesa Ana María de Dinamarca, pero al que se le consideraba demasiado impulsivo y sin la fortaleza de carácter y claridad de ideas para reformar un sistema muy conservador en donde campaba a sus anchas la corrupción. Su madre la reina Federica era su más directa consejera, que simpatizaba con el coronel Georgios Papadopoulos, un militar del que se decía que tenía vínculos con la CIA.

Papadopoulos dio su golpe poco antes de las elecciones que iban a volver a dar la victoria a la progresista Unión del Centro de Georgios Papandreu, que desde hacía cuatro años era la fuerza mayoritaria en el Parlamento. Su hijo Andreas, de ideología socialista, tenía una influencia cada vez mayor en el partido y en su líder. Pero también entre los militares jóvenes que intentaron una depuración en el Ejército. Papandreu, además de ocupar la Presidencia del

Gobierno quiso ponerse también al frente del ministerio de Defensa, teniendo en contra al rey, que simpatizaba con la oposición representada por el ERE. El jefe del Gobierno dimitió en 1965, el país entró en un periodo de inestabilidad y el golpe militar de los coroneles ante la posibilidad real de una nueva mayoría del partido centrista puso a la monarquía entre las cuerdas. Papandreu fue detenido y Constantino intentó colaborar con el régimen de los coroneles, jurando el régimen dictatorial mientras preparaba un contragolpe. Para ello se entrevistó en otoño con el presidente de Estados Unidos, Lindon B. Johnson, y poco después intentó reconducir la situación con el primer ministro Kollias y las tropas realistas, sobre todo la Armada y las Fuerzas Aéreas. Estas fuerzas se reagruparon en Kavala, Macedonia, para avanzar hasta Salónica a fin de formar allí un gobierno paralelo, al tiempo que hacía llamamientos a todas las guarniciones para que se levantaran en apoyo de su rey. Constantino contaba con el visto bueno de los estadounidenses para utilizar las comunicaciones de las bases de la OTAN en Grecia. El jefe de la división acorazada del norte, el general Essermann, iba a ser clave. Sin embargo, la movilización no fue todo lo rápida que cabía esperar, algunos de los colaboradores de Essermann no le siguieron, la junta militar detuvo a numerosos altos mandos y, tras cortar las comunicaciones, la milicia golpista marchó hacia Kavala. El contragolpe había fracasado, la familia real volvía al exilio el 14 de diciembre (marcharon a Roma, antes de instalarse definitivamente en Londres), el coronel Papadopoulos era nombrado presidente y otro coronel, Georgios Zoitakis, iba a ser proclamado regente.

Solo tres días antes del golpe de los coroneles, Juan Carlos y Sofía habían estado en el palacio de Tatoi de Atenas, con motivo del cincuenta aniversario de la reina Federica. El príncipe regresó antes, pero la princesa Sofía alargó su estancia junto a sus hijas Elena y Cristina en un anexo de la casa del barrio de Psychico, donde vivían la reina madre y la princesa Irene. El día 21 de abril toda la familia había cenado en Tatoi. Sofía, Constantino y Ana María se quedaron a ver unas películas. Sobre la una de la madrugada se marchó en coche escoltado a Psychico. En el camino las calles estaban tranquilas, nada hacía presagiar lo que se avecinaba en las horas siguientes. Lo que sucedió a partir de entonces lo contó la reina Sofía a Pilar Urbano: «Entre las tres y las cuatro de la madrugada, nos despertó mi madre: "¡Eh, levantaos, que está ocurriendo algo importante... y no sé qué es!". En efecto, la casa estaba rodeada de gente con uniforme de soldado. Pusimos la radio: daban marchas militares. Y, de pronto, dijeron que tres jefes, el brigadier Pattakos y los coroneles Makerezos y Papadopoulos, se habían sublevado en nombre del rey. A partir de ahí empezó la confusión. Los golpistas hicieron creer a los oficiales de rango inferior y a las tropas que ellos actuaban en defensa del rey, y que se trataba de sofocar una revolución de extrema izquierda comunista. Llegó a Psychico un oficial diciéndonos: "El rey está bien... está a salvo... lo hemos salvado". A mí aquello no me gustaba nada».

Sofía sabía por su hermano de la preocupación que sentía por la inestabilidad política, con cinco gobiernos minoritarios en un año. Pero la reina madre no acababa de creerse que pudieran estar asistiendo a un golpe de Estado en directo y en su propio país. Sin embargo, todavía no había amanecido cuando unos tanques se situaron frente a la residencia de la reina Federica, con los cañones apuntado hacia la vivienda. Un capitán del Ejército habló con ella y en tono autoritario le espetó que cumplía órdenes que establecían que no podía salir nadie de la casa. Ni aun así pensó que era testigo de una sublevación, seguía creyendo que la milicia les protegía de algún peligro. No obstante, cuando intentó comunicar telefónicamente con el rey Constantino sin conseguirlo, se dio cuenta de que la familia real estaba privada de su libertad. Entonces salió al jardín, donde estaba su escolta y desde el radioteléfono del mismo habló con su hijo el monarca. Eran las siete de la mañana.

Constantino le dejó muy claro a su madre que no tenía nada que ver con el golpe de los coroneles, que ni obedecían órdenes suyas, ni le tenían que salvar de nada. El rey preguntó en palacio quienes estaban con él y la Constitución y la mayoría levantó la mano. Pero eran unos pocos, algunos ni siquiera iban armados y él, todo un jefe del Estado, no podía ni hablar con el ministerio de Defensa. La princesa Irene diría más tarde que su hermano intentó que no hubiera un derramamiento de sangre, que intentó ganar tiempo, que procuró una política de resistencia pasiva.

La princesa Sofía lo pasó realmente mal aquellos días, sobre todo por el hecho de asistir a una situación tan complicada, que podía concluir con un enfrentamiento armado, mientras permanecía con sus hijas pequeñas y sin el apoyo de su esposo. Sin embargo, ello le permitió ser testigo privilegiado de un golpe de Estado, y también de las indecisiones de su hermano, que acabó por contemporizar con los golpistas, aunque fuera para evitar un problema mayor. Sin duda que el recuerdo de aquellos días lo tuvo muy presente el 23 de febrero de 1981, cuando un grupo de militares tomó el Congreso de los Diputados español a punta de pistola y el rey tuvo que enfrentarse a los sublevados. En este caso, no hubo dudas, sino una postura firme. La reina Sofía no solo estuvo en todo momento al lado de su esposo, sino que quiso que el heredero fuera testigo de los acontecimientos.

Durante cuarenta y ocho horas, Juan Carlos lo pasó realmente mal en La Zarzuela, pegado al teléfono para hablar con Tatoi, con el embajador en Grecia o con el ministro de Asuntos Exteriores español, a fin de tener noticias directas de lo que estaba pasando en Atenas. Sofía lo recuerda con estas palabras: «En cuanto pude telefoneé a Madrid y hablé con mi marido, que estaba muy preocupado. A los dos días abrieron los aeropuertos. Tomé a las niñas y regresé. Pero volví poco después, en junio, para el bautizo de mi sobrino Pablo. Y, desde Grecia o desde España, fui siguiéndolo todo muy de cerca».

Las noticias de los primeros momentos eran confusas, sin acabar de saberse el papel que estaba desempeñando el rey Constantino. Pero lo cierto es que al monarca le pilló por sorpresa el golpe, igual que a Papandreu y al presidente Canelopoulos. El ayudante y amigo del rey, Arnantes, fue esposado la misma tarde de la asonada ante los ojos del soberano, por aconsejarle que no respaldara el golpe. El silencio del rey en las primeras horas hizo temer que se hubiera situado al lado de los coroneles. Estos le habían puesto ante la tesitura de elegir entre tres opciones: ponerse al frente del movimiento golpista, marcharse un tiempo con la posibilidad de volver sabiendo que el Ejército se pondría a sus órdenes o autoexcluirse del proceso teniendo claro que el mecanismo revolucionario estaba en marcha y no podía detenerse.

La reina Federica aconsejó a su hijo que no secundara a los sublevados, aunque esto le costara tener que ir un tiempo al exilio. «Márchate, hijo, que un rey en Grecia siempre vuelve», le recomendó la reina madre a Constantino, en presencia de sus hijas las princesas Sofía e Irene. Sin embargo, prefirió mantenerse como jefe de Estado a costa de legitimar con su presencia a los insurrectos. «Dio el salto más audaz de su vida porque fue sobre la Constitución firmada», destacaba el corresponsal en Atenas del diario *La Vanguardia* en su crónica de alcance, quien añadía que «de haber hecho caso a su madre estaría en el exilio como un nuevo campeón olímpico de la Antigüedad democrática y constitucional».

Juan Carlos se sintió aliviado cuando pudo volver a reunir a toda la familia en La Zarzuela. Pocas semanas después, Juan Carlos vio su posición reforzada después de que el general Agustín Muñoz Grandes dimitiera como vicepresidente del Gobierno. La medida era esperada por los tecnócratas, que, acogiéndose a la Ley Orgánica, deseaban que Franco nombrase a Carrero Blanco como presidente del Consejo de Ministros, a pesar de que este, por lealtad, no quería restar poder a Franco, a quien admiraba profundamente. El 21 de septiembre el Caudillo le anunció a Carrero que iba a nombrarle vicepresidente. Asimismo, Fraga aspiraba al puesto, pensando en acelerar la sucesión de Juan Carlos y la apertura del régimen político. Carrero no podía considerarse precisamente un liberal, pero en cambio era un hombre que sentía aprecio por Juan Carlos y entendía que él representaba el futuro en calidad de rey.

Capítulo 8

A LA TERCERA FUE UN NIÑO

El 5 de enero de 1968 Juan Carlos de Borbón cumplió treinta años. Según la Ley de Sucesión, era la edad necesaria para ser rey, así que Laureano López Rodó empezó a comentar con el príncipe la mejor manera de que Franco le nombrara su sucesor. Juan Carlos reclamaba labores de más responsabilidad que inaugurar ferias o presidir actos benéficos. El ministro de Hacienda Juan José Espinosa San Martín intercedió ante Franco, argumentando que no era bueno que el príncipe permaneciera mudo. «Dígale al príncipe que no tenga prisa, es mejor ser mudo que tartamudo». Emilio Romero le entrevistó en *Pueblo*. A la pregunta de qué haría si los mecanismos de la Ley Orgánica que había sido aprobada meses antes le situaran como sucesor de Franco, respondió: «Mi reacción sería en ese momento la que mejor le conviniera al país». Más adelante le preguntó si su padre podía abdicar: «Por poder, puede». El príncipe se mostraba cauteloso, alerta y buscaba su acercamiento a los ministros más aperturistas del Ejecutivo, aquellos que intentaban que algo se moviera en un régimen que declinaba al tiempo que Franco.

Veinte días más tarde, Sofía dio a luz un niño en la clínica de Nuestra Señora del Loreto y fue Juan Carlos quien, ilusionado, le dio la noticia al anciano general. El nacimiento de un varón no era una cuestión baladí a los ojos de Franco, al contrario, le convertía en un candidato aún más idóneo. Ambos estuvieron de acuerdo en que era mejor llamarle Felipe que Fernando, porque los primeros estaban más lejanos en el tiempo, mientras que las villanías de Fernando VII resultaban demasiado cercanas. Sofía aseguró más tarde que a Franco no se le consultó el nombre, lo que no supone negar que Juan Carlos se lo comentara y que le pareciera bien Felipe. Según su madre decidieron ponérselo por Felipe V de Anjou, que fue el primer Borbón: «Ningún rey había dado continuidad a ese nombre y venía bien afirmar la tradición».

La reina Victoria Eugenia anunció que volvería a pisar tierra española. Franco le comentó al príncipe que no iría a recibirla a Barajas para no comprometer al Estado y este respondió que el Estado ya se había comprometido con la monarquía a través de la Ley Orgánica. Juan Carlos le pidió que recibiera privadamente al conde de Barcelona, pero el Caudillo se negó en redondo porque no tenía nada nuevo que decirle.

La llegada de la reina Victoria resultó un momento emocionante, pues volvía treinta y siete años después del advenimiento de la República, el 14 de abril de 1931. La esperaba su hijo, que había llegado poco antes de Estoril. Varios centenares de personas les fueron a recibir al aeropuerto de Madrid, con vivas al rey y a la reina madre. A Franco le representaba el ministro del Aire José Lacalle, aunque autorizó que también fuera Antonio de Oriol, titular de Justicia, en calidad de persona que llevaba las relaciones con la familia real. Otros tres ministros se desplazaron a recibirla, aunque no se les esperaba, ni habían sido autorizados. Eran los responsables de Exteriores, Fernando María Castiella; de Hacienda, José Espinosa San Martín; y de Educación, Manuel Lora Tamayo. En los aledaños del palacio de Liria, residencia del duque de Alba, donde se alojó la familia real, había igualmente numerosas personas vitoreando a la monarquía. Lo mismo sucedió cuando marcharon a La Zarzuela.

Aunque TVE le dedicó diecisiete segundos al acontecimiento, lo cierto es que la reina madre y el conde de Barcelona aparecieron en muchas de las portadas de la prensa. Luis María Anson escribió un artículo que fue reproducido a través de la agencia Europa Press y recogido por numerosos periódicos, en el que entre otras cosas decía: «Podrá alguien afirmar de nuevo que los españoles no conocen a don Juan, que no le quieren, que ignoran la personalidad del jefe de la Casa Real española. Pero ahí está la espléndida realidad de su primera aparición pública ante el pueblo de Madrid».

El 8 de febrero Felipe de Borbón fue bautizado por el arzobispo de Madrid, Casimiro Morcillo, en el palacio de La Zarzuela. Tras la ceremonia religiosa, en la que la reina madre fue la madrina y el conde de Barcelona actuó de padrino, hubo una recepción en la que Carrero Blanco le dio la espalda a don Juan. Tenía mala relación con él después de un tenso encuentro de hacía veintiún años en Estoril, cuando llevó un mensaje conciliador del Caudillo, en el sentido de que si se identificaba con el régimen de Franco podía convertirse en el sucesor a la jefatura del Estado. Además, Carrero le dejó el borrador de la Ley de Sucesión que iba a aprobar Franco. Sin embargo, en la cena posterior con varios miembros de la embajada española en Lisboa, don Juan dio rienda suelta a su inquina contra Carrero, además de rechazar el texto y lanzar algún exabrupto contra el enviado.

En un momento del convite, el general mantuvo una entrevista a solas con la reina Victoria Eugenia en una salita de palacio. Ella le comentó que era la última vez que se iban a ver, que él, que había hecho tanto por España, debía acabar su obra designando un rey de España y que esta era «la única petición que le hacía su reina». Algunos autores aseguran que la reina le dijo a Franco: «Ahí tiene a tres (su hijo, su nieto y su biznieto), escoja uno». Alonso Vega, que no estuvo en el encuentro pero asistió al bautizo, manifestó más tarde que la preferencia de Victoria Eugenia era por su nieto, pues se lo había oído decir al Caudillo en el Consejo de Ministros. En cualquier caso, existe cierta unanimidad en que Franco le respondió a la reina madre que no se preocupara por el futuro de la corona, que la sucesión estaba asegurada y que sus deseos serían atendidos. En una conversación posterior de Anson con la reina Victoria Eugenia en Suiza, ella le dijo que en el encuentro sin testigos en La Zarzuela se limitó a decir que veía a su nieto cada vez más maduro y preparado. Lo que no dejaba de ser una manera de mostrar su favoritismo.

La estancia de don Juan en Madrid iba a permitirle actividades tan dispares como ir al Valle de los Caídos y rezar ante la tumba de José Antonio Primo de Rivera o entrevistarse con líderes del ilegal Partido Socialista, como Carlos Zayas y Raúl Morodo, pero también con el general Manuel Gutiérrez Mellado. Asimismo se reunió con el abogado Antonio García Trevijano, socio de Rafael Calvo Serer, presidente del consejo del diario *Madrid*, que aglutinaba distintas corrientes antifranquistas, quien le manifestó que a la muerte de Franco le bastaría con presentarse en Madrid para que el Ejército le proclamara rey.

Más que nunca estaban sobre la mesa dos opciones para el futuro del país: la que representaba don Juan, que tenía en Areilza el hombre ideal para conseguir el apoyo de la oposición de izquierdas; y la que constituía Juan Carlos, donde López Rodó, sin olvidar a Carrero, jugaba un papel clave para conseguir el apoyo de los tecnócratas del régimen. A su vuelta a Portugal, el conde de Barcelona le pidió a su hijo que volviera a Estoril y pasara una temporada (hasta el otoño) en Villa Giralda. El príncipe se negó en redondo. López Rodó cita en sus memorias una conversación en la que el príncipe le recordaba a su padre que siempre había seguido sus instrucciones, que no había hecho nada que le perjudicara a él o a la institución que encarnaba, pero que no podía hacer el feo de ausentarse cinco meses de España: «Tú has jugado una carta, yo otra por tu mandato. Sigue con la tuya y yo con la mía. Si gana tu carta, me descubro, *chapeau*, pero no lo veo probable. Hemos de pensar en España o en la institución».

El 12 de octubre de 1968 don Juan escribió una carta a su hijo en la que le hablaba no como padre sino como el jefe de la dinastía española. El conde de Barcelona andaba con la mosca detrás de la oreja, así que decidió presionar a Juan Carlos. Le recordaba en su misiva que, si aceptaba el nombramiento de sucesor, sería acusado de deslealtad y dividiría a la familia real. Le exigía disciplina y fidelidad a su persona, más allá de que hubiera cumplido treinta años. Y le conminaba a construir un futuro que garantizara la sucesión dinástica. Es evidente que la carta era un acto de debilidad por parte del conde de Barcelona, que no sabía cómo impedir lo que parecía inevitable. La comunicación llegó a manos de Carrero y este entregó copia a Franco. La respuesta de Juan Carlos fue una carta de oficio, donde mostraba su respeto y cariño, pero donde no manifestaba mayores compromisos.

El 15 de enero de 1969 Franco le comunicó al príncipe que iba a nombrarle sucesor aquel mismo año y Juan Carlos le contestó que él estaba al servicio de España. Solo le pidió que mostrase consideración hacia su padre en el proceso que iba a iniciarse, a lo que Franco respondió despectivamente que el conde de Barcelona no se hacía cargo de las cosas. Le insistió en que todo estaba hecho, que incluso había pensado en que después de su nombramiento asistiera a los consejos de ministros, pero que tuviera calma. «Calma», bendita palabra, pensó el príncipe, que sabía que su padre difícilmente entendería que fuera el elegido y que además tenía claro que su decisión de aceptar resultaría traumática para la familia. Por aquellos días a Juan Carlos se le vio especialmente preocupado. De nuevo fue clave el papel de Sofía, que le insistió las veces que hizo falta en que hacía lo que debía, que ello era la única posibilidad para el retorno de la monarquía y que haría cuanto estuviera de su parte para que la familia no se rompiera.

La reina evocó aquellos días a Urbano: «Como él y yo éramos jóvenes, salíamos por ahí a almorzar, a bailar, a cenar… Yo trataba de distraerle. Pero a él le pesaba esa tensión y esta rivalidad política entre los dos. La relación con su padre era difícil, pero no desafiante. La propia dificultad lo hacía todo interesante. Nada de lo que vivíamos estaba en los libros. No teníamos maestro ni modelo. Todo había que hacerlo de nuevas, por intuición, manejándonos con un sexto sentido. Pero él estaba más inquieto y más afectado que yo. Lógico: él era el protagonista».

Capítulo 9

LA AGRIA DISCUSIÓN POR EL TRONO EN ESTORIL

El vicepresidente Carrero Blanco jugó un papel decisivo para el nombramiento de Juan Carlos como sucesor de Franco. La lealtad que Carrero siempre mantuvo con Franco, así como la eficiencia que había mostrado en la reforma administrativa del régimen, le había convertido gradualmente en un primer ministro *avant la lettre*. Carrero y López Rodó, su hombre de confianza, denominaron el nombramiento de su sucesor como Operación Salmón, pues para obtener la pieza se necesita destreza, pero sobre todo mucha paciencia. Juan Carlos era consciente del trabajo que hizo Carrero, como lo demuestra que la estilográfica con la que en su día firmó su aceptación se la regaló al almirante. Carrero no era un reformista, sino un franquista monárquico que veía en la corona encarnada por Juan Carlos la consolidación del franquismo más allá del Caudillo.

El estado de excepción decretado por el general Camilo Alonso Vega el 24 de enero de 1969 en respuesta a la agitación que vivía la universidad española iba a retrasar el nombramiento. López Rodó se mostró preocupado por la incapacidad del régimen de actuar al margen de la represión. Dos meses más tarde se levantó el estado de excepción, con la oposición de Solís, que veía que ello iba a acelerar el nombramiento de Juan Carlos. Fraga fue hábil al argumentar que el turismo se resentiría de medidas excepcionales. Don Juan asistió a una misa de réquiem por su padre en Roma, siendo recibido por el papa Pablo VI. Areilza intentó que padre e hijo se vieran en Niza para hablar de la situación de España y para que el mundo viera que iban al unísono. Pero Juan Carlos decidió no viajar. En cualquier caso, el príncipe estaba nervioso al no concretarse su nombramiento e incluso le preguntó a Franco si no se fiaba de él.

La reina Victoria Eugenia murió en Lausana el 15 de abril de 1969. Durante su estancia en Suiza padre e hijo discutieron en el hotel Royal. El conde de Barcelona le dijo acaloradamente que no estaba en España para suplantarle. Los esfuerzos de la madre del príncipe evitaron lo que parecía una ruptura. En España se dictaron tres días de luto y Franco, acompañado de su esposa, presidió la misa celebrada en Madrid. El general quiso dar formalidad a su consideración hacia la monarquía. Carrero insistiría en este contexto en que había que precipitar el nombramiento de Juan Carlos, y López Rodó le mostró al príncipe un borrador de su discurso de aceptación para que lo discutiera con Franco.

A los quince días del enfrentamiento de Lausana, Juan Carlos y Sofía pasaron un fin de semana en Estoril. Armada, que acompañaba al príncipe, explicó la situación del país e insinuó que Juan Carlos podría ser nombrado sucesor a título de rey, cosa que el conde de Barcelona negó rotundamente: «Si te nombran, puedes aceptar, pero puedes estar seguro de que esto no sucederá». El último jueves de junio, después de que Alonso Vega le dijera a Franco en su ochenta aniversario que como regalo de cumpleaños le gustaría el nombramiento del príncipe como sucesor, el Caudillo le comunicó a Carrero Blanco durante su despacho del último jueves de junio que debía poner en marcha el mecanismo de la Ley de Sucesión, fijando para ello dos sesiones el 22 y el 28 de julio. Carrero avisó a López Rodó y luego a Silva Muñoz, titular de Obras Públicas: «Parece que el salmón ha picado». López Rodó redactó asimismo el discurso de Franco, que retocaría Carrero; también será él la persona encargada de darle la noticia a Juan Carlos: «Ya está hecho». El príncipe le respondió que debería llamarlo ya Franco, algo que todavía tardaría unos cuantos días en hacer. Mientras López Rodó habló con una serie de procuradores para tener garantizados los votos necesarios. Incluso Girón le aseguró al príncipe que se adheriría a la propuesta si era lo que quería Franco, tras un encuentro propiciado por su hermano Nicolás.

El 22 de junio Juan Carlos informó a su padre en Estoril de que podría ser inminente su nombramiento, pues circulaban insistentes rumores en los círculos oficiales de Madrid. De hecho, Franco le había comentado antes de partir que a la vuelta tenía algo importante que decirle. Pero el conde de Barcelona, que no quería aceptar lo evidente, le espetó: «Me apuesto cinco mil pesetas a que no hay designación. Son falsas ilusiones tuyas». El príncipe le preguntó: «¿Y si me designa? Figúrate mi situación. Si me prohíbes que acepte, no me queda más remedio que hacer las maletas, tomar a Sofía y a los niños e irme. No puedo seguir en La Zarzuela si en el momento decisivo se me llama y no acepto. Yo no he intrigado para que la decisión recaiga sobre mí. Estoy de acuerdo en que sería mejor que el rey fueras tú, pero, si la decisión está tomada, qué le vamos a hacer». Don Juan le respondió que, en caso de que fuera así, podía hacer mucho, podría retrasar la operación o incluso conseguir que no se hiciera. Juan Carlos le replicó que esto no estaba en su mano: «Y si, como creo, se me invita a aceptar, ¿qué harás tú? ¿Es que hay otra solución posible de la que Franco decida? ¿Eres tú capaz de traer la monarquía a España».

Ni don Juan ni tampoco Areilza creyeron las palabras del príncipe. Estaban convencidos de que eran meras intrigas palaciegas de algunos de los ministros llamados tecnócratas, pero que Franco no nombraría nunca sucesor, porque eso le acabaría debilitando. En su fuero interno ambos estaban convencidos de que, a la muerte del Caudillo, el Ejército le pondría a él en el trono. Areilza, que no tenía ninguna duda al respecto, llegó a comentar en una cena privada que se jugaría toda su fortuna a que Juan Carlos no sería nombrado sucesor. Toda una temeridad, porque por aquellos días se estaban barajando ya las fechas para la sesión de las Cortes que iba a proclamarlo como tal.

Finalmente, el 3 de julio de 1969 Franco le comunicó a Carrero que dos semanas después, el 17, anunciaría que había previsto nombrar al príncipe general de brigada de los tres ejércitos. Diferentes autores coinciden en que el alcalde de Jerez, Miguel Primo de Rivera, fue de las primeras personas en saberlo personalmente por boca de Franco. Con ello conseguía la complicidad de un hombre que era un buen amigo del rey, al tiempo que el cabeza de familia de los Primo de Rivera, y en este sentido, alguien con autoridad moral en el universo falangista. Al joven alcalde le faltó tiempo para trasladarse a La Zarzuela y explicarle todavía con el chaqué de la audiencia la conversación que había mantenido con el general. Según la relató a Preston, Juan Carlos, que estaba en la piscina, saltó alborozado al agua, haciendo lo propio el visitante sin quitarse su traje protocolario.

Casi al mismo tiempo, el príncipe tuvo la confirmación de la noticia por parte de López Rodó, a quien a su vez se la había comunicado Carrero. La fecha era inminente, así que apenas le quedaba tiempo a Juan Carlos para explicarlo todo a su padre y conseguir, si no su aprobación, al menos su comprensión, lo que a todas luces no iba a ser tarea fácil. Tenía como cómplice a su madre, doña María, que le apoyaba a escondidas de su marido y que llamaba a menudo a Zarzuela para saber cómo avanzaban sus opciones. De todos modos, no dejaba de resultar desconcertante que Franco no hubiera recibido a su heredero para explicarle sus intenciones.

El 11 de julio, el príncipe recibió en La Zarzuela a Pedro Sainz Rodríguez, el hombre más cercano al conde de Barcelona. Era su consejero más antiguo, pero seguramente el más realista, así que le expuso al príncipe que si Franco le hacía la propuesta debía de aceptarla, y no solo eso, también le manifestó que intentaría calmar la lógica indignación de su padre. Cuatro días después, Juan Carlos era recibido en El Pardo. Allí Franco le explicó que con su designación deseaba asegurar la continuidad del régimen. El Caudillo le exigió una respuesta inmediata. El príncipe le respondió que al jurar la bandera se había comprometido a servir a España, así que estaba disponible para garantizar el futuro del país. Juan Carlos le recordó que debía informar cuanto antes a su padre y Franco le pidió que no lo hiciera aún, pues el propio general había redactado una carta para don Juan que ya estaba de camino mediante el nuevo embajador en Portugal. El príncipe estaba preocupado por la reacción de su progenitor, que iba a considerar una traición su aceptación. Como le solicitó que no llamara a su padre, optó por comunicarse con su madre. Ella entendió que su misión debía ser salvaguardar la unidad de la familia, aun sabiendo que el conde de Barcelona iba a reaccionar con furia. El príncipe escribió igualmente una misiva afectuosa en la que pedía la comprensión de su padre. Además encargó al marqués de Mondéjar que reservara un asiento en el tren a Lisboa de aquella misma noche a fin de entregarla personalmente. La casualidad hizo que la carta del príncipe llegara a las manos de don Juan antes que la del Caudillo, a causa de la cena que ofreció a sus consejeros privados, que retrasó el encuentro con el embajador al día siguiente.

Al regresar de la cena, doña María le contó a su esposo el contenido de la llamada de su hijo. A la mañana siguiente, llegó Mondéjar con la carta, en la que entre otras cosas decía: «El momento que tantas veces te había repetido que podía llegar ha llegado, y comprenderás mi enorme impresión al comunicarme su decisión de proponerme a las Cortes como su sucesor a título de rey». Y seguía: «Me resulta dificilísimo expresarte la preocupación que tengo en estos momentos. Te quiero muchísimo y he recibido de ti las mejores lecciones de servicio y de amor a España. Estas lecciones son las que me obligan como español y como miembro de la dinastía a hacer el mayor sacrificio de mi vida y, cumpliendo un deber de conciencia y realizando con ello lo que creo que es un servicio a la patria, aceptar el nombramiento para que vuelva a España la monarquía y pueda garantizar para el futuro, a nuestro pueblo, con la ayuda de Dios, muchos años de paz y prosperidad». En el último párrafo de la carta le solicitaba su bendición, apelando a la unidad de la familia: «En esta hora, para mí tan emotiva y trascendental, quiero reiterarte mi filial devoción e inmenso cariño, rogando a Dios que mantenga por encima de todo la unidad de la familia y quiero pedirte tu bendición para que ella me ayude siempre a cumplir, en bien de España, los deberes que me impone la misión para la que he sido llamado».

Don Juan se mostró hundido tras la lectura, solo se le ocurrió preguntar a Mondéjar sobre el papel del Ejército y este respondió que la milicia nunca había comentado nada sobre don Juan. Doña María llamó más tarde al enviado especial para decirle que felicitara a su hijo y que le transmitiera el mensaje de que se ocuparía de que no se hiciera ninguna tontería desde Estoril. Cuando llegó el embajador con la carta de Franco, no había ninguna novedad que ofrecer. Es más, don Juan la arrojó arrugada sobre una mesa del salón. El texto de Franco era realmente duro: le hablaba de que la realeza estaba destinada a llevar a cabo sacrificios, que no podía oponerse a su voluntad como jefe del Estado y que no restauraba la antigua monarquía sino que instauraba una nueva. Don Juan se puso hecho un basilisco ante la insolencia de los términos empleados por Franco. Su hijo le llamó tres veces y otras tantas veces se negó a ponerse al teléfono.

En las horas siguientes, el presidente de las Cortes le llevó el texto de la ley que le nombraba sucesor y, para su sorpresa, vio que se le iba a otorgar el título de príncipe de Asturias. Sin embargo, no podía ser tal, pues eso suponía reconocer que el rey era su padre, porque se trata de un título del heredero, cosa que Franco no admitiría. López Rodó acabó inclinándose por conceder el título de príncipe de España, lo que también gustó a Sofía, sirviéndose del ejemplo de su propia familia, cuyo fundador Jorge I suprimió todos los apellidos para pasar a llamarse Grecia. Mientras, en Estoril se redactaba una declaración en la que se denunciaba una monarquía vinculada a la dictadura y recordaba que la corona debía serlo de todos los españoles, por encima de grupos y partidos. Doña María mostró su contrariedad por el comunicado. Areilza iba igualmente a publicar una declaración de censura al nombramiento por el daño que, a su juicio, iba a hacer a la institución monárquica. Sin embargo, el conde de Barcelona disolvió su consejo privado, lo que era una muestra de que no iba a emprender una guerra contra su hijo. En cualquier caso, tampoco iba a abdicar, que era una manera de reivindicar la línea legítima de sucesión al trono y de ofrecerse como alternativa si su vástago fracasaba en su empresa.

Juan Carlos acudió el 19 de julio a El Pardo para leerle un primer borrador de su discurso a Franco, quien solo mandó quitar la referencia a la devoción filial a su padre. Dos días después anunció oficialmente su decisión al Consejo de Ministros, leyó la carta que había enviado al conde de Barcelona y remarcó que su reacción a la misma era la demostración de que no era la persona adecuada para sucederle. Todo estaba a punto para la sesión solemne de las Cortes españolas, aunque antes hubo que desmontar la intentona falangista de que el voto en la Cámara fuera secreto a fin de buscar una mayoría contraria a Juan Carlos.

No fue hasta el 21 de julio cuando Juan Carlos consiguió finalmente hablar con su padre. Este le reprochó que no le hubiera comunicado personalmente la noticia la última vez que se habían visto en Estoril. El conde de Barcelona no creyó en la inocencia del príncipe, que insistía en que no sabía absolutamente nada en aquel momento. Don Juan le obligó a devolverle la Cruz de la Victoria del Principado de Asturias. A las siete de la tarde del día siguiente, se celebró la ceremonia en las Cortes, donde Franco se emocionó leyendo su discurso: «Consciente de mi responsabilidad ante Dios y la historia, y valorando con toda objetividad las condiciones que concurren en la persona del príncipe don Juan Carlos de Borbón y Borbón, que, perteneciente a la dinastía que reinó en España durante varios siglos, ha dado claras muestras de lealtad a los principios e instituciones del régimen, se halla estrechamente vinculado a los Ejércitos de Tierra, Mar y Aire, en los cuales forjó su carácter, y al correr de los años ha sido perfectamente preparado para la alta misión a que podía ser llamado y, por otra parte, reúne las condiciones que determina el artículo 111 de la Ley de Sucesión en la Jefatura del Estado, he decidido proponerlo a la nación como mi sucesor». La propuesta de Franco fue aprobada por 491 votos a favor, 19 en contra y 9 abstenciones.

Veinticuatro horas más tarde Juan Carlos tenía que jurar ante las Cortes las Leyes Fundamentales, lo que en su día fue objeto de una larga entrevista entre el príncipe y su consejero Torcuato Fernández Miranda. Juan Carlos pensaba que esto le encadenaba con el pasado y sería un obstáculo para cualquier apertura democrática futura («no quería ser un perjuro», declaró la reina en su día), pero su profesor le convenció de que no era así y que la propia Ley de Sucesión aceptaba que las leyes pudieran cambiarse de acuerdo con el artículo 10. Antes del acto formal se llevó a cabo una ceremonia de aceptación privada, con el presidente de las Cortes, Antonio Iturmendi y el ministro de Justicia, Antonio María de Oriol, en la que mostró su lealtad al Caudillo y juró velar por el cumplimiento de los Principios del Movimiento y las Leyes Fundamentales. Entre los invitados figuraba Alfonso de Borbón, que aceptó ser uno de los testigos y que procuró que su padre no hiciese ninguna declaración. También estaba Torcuato Luca de Tena, director de *ABC* y uno de los procuradores que había votado negativamente el día antes, a quien Juan Carlos, lejos de recriminarle nada le agradeció el voto que había emitido pensando en su padre.

Por la tarde, el príncipe leyó su discurso en las Cortes, pero antes llamó a Estoril. El borrador fue retocado por el príncipe, a quien acompañaban Mondéjar, Gamazo (un íntimo colaborador de Carrero en Presidencia) y Armada. Cuenta la reina Sofía: «Recuerdo que los franquistas, y el propio Carrero, querían que él dijese que era el heredero de la monarquía del 18 de julio; pero aquí se eliminó esa fórmula, y al final dijo: "Pertenezco por línea directa a la Casa Real española y en mi familia se han unido las dos ramas. Confío en ser digno continuador de quienes me precedieron" (...). Él mezcló el tema monárquico y el dinástico con la lealtad a las leyes de Franco». Fue su madre quien contestó tranquilizándole con sus palabras y asegurándole que el conde de Barcelona se iría haciendo cargo de la situación. Sofía acudió a la Cámara con sus dos hijas, que siguieron el acto desde un palco. No hubo ningún otro miembro de la familia real española por imposición de don Juan, igual que había ocurrido por la mañana. Tampoco asistieron miembros de la familia real griega, para no acaparar protagonismo. El príncipe, que vestía uniforme de capitán de Infantería y lucía el Toisón de Oro, habló con firmeza y decisión: «España será lo que todos y cada uno de los españoles queramos que sea y estoy seguro de que alcanzará cuantas empresas se proponga, por altas que estas sean».

Don Juan quiso estar solo en aquella jornada decisiva, así que salió con su velero y navegó hacia el norte, anclando en una población cercana a Coímbra, desde donde, tras pedir una botella de whisky en un bar, siguió la retransmisión por la televisión después de pedirle al propietario que pusiera el canal de TVE. Padre e hijo estarían unos cuantos meses sin hablarse y no volverían a verse hasta octubre de 1972, con motivo de la boda de la infanta Margarita con el doctor Carlos Zurita. Tampoco hubo la bendición que había solicitado en su carta de un mes antes, aunque, disuelto su consejo y su secretariado, dejó a una sola persona en su secretaría, como señal de que no iba a dar la batalla a su hijo. Areilza, el hombre clave de la estrategia donjuanista, se acercaría a Juan Carlos, con quien se entrevistaría a menudo en los meses siguientes, hasta el punto de que sería el ministro de Asuntos Exteriores en el primer gobierno de la monarquía, seis años más tarde.

Capítulo 10

LA SOLEDAD DE LA PAREJA EN EL TIEMPO DE ESPERA

El nombramiento de Juan Carlos aseguraba la restauración de la monarquía sin demasiados problemas, pero no la apertura del régimen a la democracia. Tampoco nadie imaginaba que Franco, a pesar de su salud cada vez más perjudicada, decidiera retirarse y dejar en vida al príncipe como jefe del Estado. El Caudillo padecía Parkinson, así que su pasividad y su pérdida de iniciativa eran cada vez mayores, a medida que disminuían su capacidad de trabajo y su capacidad reactiva. Paralelamente el enfrentamiento entre falangistas y tecnócratas iba a desembocar en el caso Matesa, mientras que la oposición se iba organizando a pesar de la dura represión política. Ante este panorama, Juan Carlos estaba condenado al ejercicio de una prudente paciencia, mirando de reojo que la camarilla de la familia del general no aprovechara su decadencia para poner en su lugar a Alfonso de Borbón.

La euforia de Juan Carlos por su nombramiento se convirtió pronto en preocupación, sobre todo «por el dolor que me producía tener, en cierto modo, que enfrentarme a mi padre; comprenderás que todo aquello fue para mí algo parecido a una pesadilla», según le confesó a José Luis de Vilallonga. En estas largas declaraciones convertidas en libro biográfico, el rey explicaba: «Sobre todo he sentido el peso de la soledad cuando fui nombrado príncipe de España y Franco pensó en mí para sucederle a título de rey. Se abrió entonces un periodo en el que sabía que yo iba a ser rey sin que nadie estuviera completamente seguro de ello, Franco podía cambiar de idea en cualquier momento y nombrar a otro en mi lugar. Por lo tanto era conveniente ser amable conmigo, pero no demasiado. Me encontraba solo, pero al mismo tiempo muy rodeado».

La reina, por su parte, le dijo a Pilar Urbano que esa larga espera le quemaba la imagen, pero en ningún caso pretendía reinar con el general, porque «hubiera sido nefasto, fatal, que Juanito fuese rey en vida de Franco». Y añade: «Los franquistas lo proponían: un rey del Movimiento o algo así. Pero el príncipe no quería ni oír hablar. De ese modo, no se llegaba a una democracia. Pero si, muerto Franco, Arias con los del búnker no querían llevar a la democracia del 12 de febrero, ¡y se quedaban tan a gusto! El príncipe tenía muy claro que quería la democracia, pero sabía que no se podía romper de modo tajante, ¡zas!, con todo lo anterior (…). Durante este tiempo (fueron muchos años) mi marido y yo hablábamos de política como lo más normal: esa era nuestra vida».

Sofía resultó el apoyo que necesitaba en esta larga espera, no exenta de peligros y de intrigas. Cuando confiesa que hablaban de política, estaba diciendo que estaban intentando imaginarse el día de después, sabiendo que para que el pueblo español reconociera a la monarquía era imprescindible que la viera como el cómplice necesario para la travesía a la democracia. Para ello había que trabajar dentro y fuera, buscar aliados en el régimen y colaboradores internacionales. Ella fue un personaje muy importante para reconstruir la relación de su esposo con don Juan y para establecer puentes con monarquías europeas que eran garantía democrática.

Después de su designación como sucesor, Juan Carlos empezó a despachar de manera sistemática con Franco, casi siempre los lunes, al caer la tarde. Cuando el joven príncipe le pedía consejo,

Franco respondía que «para qué quiere que le diga algo, si no podrá gobernar como yo». Franco estaba convencido de que el príncipe y su esposa no le traicionarían y así se lo hizo saber en una ocasión a su primo Francisco Salgado-Araujo. El Caudillo daba pocas recomendaciones, aunque en cambio le gustaba contar anécdotas sobre sus experiencias.

Como las relaciones con su padre, el conde de Barcelona, eran nulas, a finales de año mantuvieron un encuentro en Lausana. Juan Carlos le manifestó que durante toda su vida se había limitado a hacer lo que le mandaba como padre. «Entre Franco y tú organizasteis el plan de mi vida como quisisteis». Le recordó que él siempre había obedecido sin rechistar sus decisiones, que le había ayudado a formarse, que le había inculcado el trabajar para el país y para restaurar la monarquía. Y que su nombramiento era la consecuencia de haber estado en España, «porque tú me pusiste ahí», y por ello había ocurrido lo que había ocurrido. Juan Carlos negó que le hubiera traicionado y le explicó los peligros que le acechaban aún siendo el sucesor, así como la dificultad de poder tener contactos con la oposición, pues estaba permanentemente vigilado. Por eso pidió su ayuda y su consejo para alcanzar un día una monarquía democrática.

Aquella conversación iba a cambiar las relaciones, aunque no de forma inmediata. Pero el poder hablarse cara a cara, sin intermediarios y sin tapujos, iba a resultar clave para que don Juan decidiese convertirse en un colaborador del príncipe en lugar de encarnar a un rival.

Realmente, uno de los problemas que tenía Juan Carlos era darle a entender a la oposición su voluntad de abrir el país, cuando estuviera en su mano hacerlo. Pero no parecía fácil acceder a ellos, porque veían al príncipe como la mera continuación en el tiempo del dictador. De hecho, su nombramiento fue objeto de toda suerte de desprecios de las fuerzas políticas que empezaban a emerger tímidamente en el país. El enfrentamiento entre falangistas y tecnócratas con el caso Matesa, una compañía fabricante de telares sin lanzadera que exportaba a medio mundo y que fue acusada de irregularidades financieras salpicando a algunos ministros tecnócratas por la concesión de créditos, iba a resultar un verdadero terremoto dentro del régimen. Ello permitió a Solís volver a la carga contra la hegemonía de los opusdeístas del gobierno. Sin embargo, la entrada en el Ejecutivo de Torcuato Fernández Miranda como ministro secretario general del Movimiento constituyó una buena noticia para Juan Carlos, pues en los últimos años se había convertido en su consejero más cercano. La irrupción de ETA en el País Vasco, así como la mayor conflictividad en las calles, con manifestaciones obreras, pero también de sacerdotes, reclamando mayores libertades no era un asunto baladí. Apareció el búnker como influyente conglomerado de la derecha más reaccionaria, también hicieron acto de presencia grupos paramilitares que mostraron una peligrosa agresividad y empezaron a evidenciarse las intrigas a favor de Alfonso de Borbón.

Algunos conspiradores empezaron a insinuar a Franco que el príncipe era una amenaza para el régimen por sus simpatías democráticas. Juan Carlos había podido hablar con Nixon en una visita del presidente estadounidense a Madrid en otoño de 1970, poco después cenaría con Pompidou con ocasión de unos ejercicios navales hispano-franceses. El príncipe inspiraba simpatía y resultaba la antítesis del viejo general, cada vez más achacoso, escaso en palabras e inflexible en sus gestos. Poco más tarde, después de que *lord* Mountbatten instara a Nixon a influir en Franco para que traspasara el poder en vida, Juan Carlos fue invitado a Estados Unidos, a principios de 1971, mientras en España se celebraban los juicios de Burgos contra dieciséis miembros de ETA acusados del asesinato de tres personas, para los que el tribunal pedía hasta nueve penas de muerte, que finalmente fueron conmutadas ante la fuerte presión internacional.

Acompañados del ministro de Exteriores Gregorio López Bravo, Juan Carlos y Sofía volaron a Washington para ser recibidos por el presidente Nixon, pero también para entrevistarse con congresistas, asistir a una cena en la Casa Blanca y atender a actos en Los Ángeles, San Diego, Houston, Cabo Kennedy (Florida) y Nueva York. Se alojaron en Blair House, residencia de las visitas de Estado. El programa no podía ser más oficial, nada parecido al encuentro con Johnson cuatro años antes, cuando las autoridades les concedieron un trato irrelevante. Durante su estancia, Juan Carlos hizo esfuerzos para poner de manifiesto su independencia de criterio dentro del régimen de Franco, incluso recibió a los corresponsales en Estados Unidos en su residencia, en donde manifestó, en absoluto *off the record* y sin la presencia del ministro de Exteriores, su intención de promover una evolución prudente de España. El *Chicago Tribune* publicó un artículo en el que recogía algunas frases del príncipe claramente aperturistas —«creo que el pueblo quiere más libertades, todo es cuestión de saber con qué velocidad»— que pusieron nervioso al ministro del Ejército, general Castañón. Sin embargo, Franco quitó importancia a las palabras y le manifestó a Juan Carlos que sabía que había cosas que se debían decir fuera, pero no en España, como si hubiera entendido que eso formaba parte de un doble juego que en ningún modo resultaba una traición.

Estados Unidos veía con buenos ojos al príncipe español. Poco después de su designación como sucesor a título de rey, el embajador Rober C. Hill fue citado por Juan Carlos en La Zarzuela y el informe que envió el diplomático a Nixon decía: «He vuelto a quedar impresionado por el interés e inteligencia de Juan Carlos, así como por su plena conciencia sobre las limitaciones políticas que representa su actual situación. Muestra cierta candidez, pero lo atribuyo a su juventud y falta de experiencia política práctica. Juan Carlos puede sobrevivir o no a las tensiones de la España posfranquista, pero en cualquier caso estoy seguro de que intenta, por su propio esfuerzo y recursos, modernizar la política española y es de esperar que, en su momento, intentará gobernar España». El príncipe le comentó que había proyectado visitar con su esposa las principales ciudades del mundo para poner de manifiesto la nueva España que aspiraba a representar y que, con respecto a Estados Unidos, le insistió que le llamara siempre que quisiera para tratar cuestiones importantes, sin pedir permiso a Asuntos Exteriores.

Los príncipes aprovecharon este tiempo muerto para recorrer el país, lo que permitió comprobar cómo su popularidad iba al alza. La mañana del 20 de diciembre de 1973 Madrid se despertó sobresaltada por la carga explosiva que ETA colocó oculta en la calle Claudio Coello, haciendo saltar por los aires el coche del almirante Carrero Blanco, cuando regresaba de su misa diaria. Juan Carlos y Sofía fueron de los primeros en acudir al hospital militar donde fue trasladado el cuerpo destrozado del presidente. Preston asegura que Franco, envejecido y enfermo, quedó más vulnerable que nunca a la camarilla de El Pardo, que encabezaba su esposa Carmen Polo, su yerno el marqués de Villaverde, su médico Vicente Gil, el general José Ramón Gavilán, que era el segundo jefe de la Casa Militar y el capitán de navío Antonio Urcelay, íntimo de Girón.

El principal beneficiario de la crisis fue el ministro de Gobernación Carlos Arias Navarro, responsable de los servicios de seguridad que no habían dispuesto de ningún dato a pesar de que los miembros de ETA necesitaron meses para excavar la galería subterránea donde se colocó el explosivo. Arias, la única persona del gobierno que no puso Carrero en el gabinete, pensó que debería dimitir pero, antes de que asumiera ninguna responsabilidad, se vio nombrado presidente del Gobierno, en una de las decisiones más desconcertantes de la biografía Franco. Persona muy cercana a Carmen Polo —su principal candidato era el ultramontano Girón—, tenía un currículo de represor que hacía impensable que pudiera hacer avanzar aquel régimen caduco. Franco no asistió al funeral, pero en cambio estuvo Juan Carlos, vistiendo uniforme de contraalmirante, que encabezó la comitiva que transportaba el féretro, pese a los avisos de un nuevo atentado. En un acto de coraje, se negó a llevar chaleco antibalas como le aconsejaron los servicios de seguridad. Sofía siguió muy preocupada el entierro por televisión, «por el riesgo que corría mi marido, era como aquello de solo ante el peligro; no sabíamos si los que habían asesinado a Carrero querían llevarse a alguien más por delante». Y contó al cabo de los años que «él, que no es muy fumador, ese día se fuma sesenta pitillos; pero para el país, que estaba traumatizado, fue muy bueno ver allí a un hombre valiente, fuerte, joven, que daba la cara».

El proceso de elección del nuevo presidente del Gobierno fue propio de una opereta. Franco pensó primero en el almirante Nieto Antúnez y lo consultó con el príncipe, quien recomendó a Torcuato Fernández Miranda o a Manuel Fraga. Las conversaciones con Alejandro Rodríguez de Valcárcel, pero también con su familia en plenas Navidades, acabaron por relacionar cinco nombres: los tres que surgieron en las conversaciones entre Franco y el príncipe más Arias Navarro y Antonio Barrera de Irimo, ministro de Hacienda y de corte liberal.

La camarilla impuso finalmente su candidato, que era la garantía de la familia Franco de que no iba a cambiar nada. Carmen Polo había llegado a decir al Caudillo que, si no ponía a un hombre duro, les matarían a todos como habían hecho con Carrero. Finalmente el príncipe no tuvo nada que decir, a pesar de que representaba el futuro más inminente. Al contrario, estaba quejoso por la desaparición en el gobierno de los nombres de Fernández Miranda y López Rodó; el Ejecutivo respiraba dureza con hombres de rancio falangismo como José Utrera Molina, ministro secretario general del Movimiento, y Francisco Ruiz-Jarabo, titular de Justicia. Arias no tuvo ningún inconveniente en ningunear desde el primer día al príncipe y dejó a Juan Carlos sin uno de sus principales consejeros, pues envió a López Rodó de embajador en Austria. Lo mejor del gobierno fue la entrada como subsecretarios de varios miembros del colectivo de católicos reformistas, conocido como Tácito, de la mano de Antonio Carro, ministro de Presidencia.

El espíritu del 12 de febrero del discurso de Arias no fue sino una anécdota: el régimen se descomponía sin rumbo, con nuevas ejecuciones. El 2 de marzo de 1974 eran ejecutados en la Cárcel Modelo de Barcelona el joven anarquista catalán Salvador Puig Antich y un delincuente común llamado Heinz Chez, a pesar de la petición de clemencia expresada por el Vaticano. Todo eran malos presagios: poco después era expulsado de España el obispo de Bilbao monseñor Antonio Añoveros, por una homilía demasiado vasquista. En este contexto, la izquierda se organizaba en el exterior y creaba la Junta Democrática. Don Juan coqueteó con la nueva plataforma; el encuentro entre padre e hijo en el palacio palmense de Marivent puso fin a los contactos entre Estoril y París.

El 5 de julio de 1974 Franco se puso enfermo: tenía una flebitis en la pierna derecha, que según su médico Vicente Gil era resultado de su afición a la pesca y de que había visto sentado ante el televisor los partidos del Mundial de Fútbol de Alemania. Aunque Arias intentó que no lo hospitalizaran, el temor a una embolia pulmonar aconsejó su ingreso. Además, los medicamentos contra el Parkinson le habían provocado úlceras gástricas y los anticoagulantes para la flebitis podían complicar más las ulceraciones. Franco llamó a Arias y a Rodríguez de Valcárcel a fin de que prepararan el decreto para que el príncipe asumiera temporalmente las funciones de jefe del Estado. Franco pensó que aquello era el principio del fin. El marqués de Villaverde montó en cólera en el hospital cuando Rodríguez de Valcárcel entró en el centro sanitario con los documentos necesarios para el relevo temporal, al tiempo que gritaba que el nombramiento era una traición y exclamaba improperios contra el príncipe. El ínclito marqués sabía que aquello enterraba definitivamente las posibilidades de su yerno Alfonso de Borbón Dampierre y de su hija Carmencita.

Juan Carlos era reacio a aceptar el poder con Franco vivo. El país estaba sumido en serios problemas: subía la inflación a cifras impensables por la crisis energética, las cancillerías extranjeras habían protestado por las ejecuciones y Marruecos presionaba para recuperar el Sahara. Muchos y variadas complicaciones para ser resueltas por un jefe de Estado provisional, vigilado de cerca por un gobierno reaccionario que no había elegido y que incluía personajes que lo detestaban. El príncipe no tenía opción, incluso Arias parece que llegó a decir que «si no quiere, se le obliga». El 18 de julio Franco no pudo asistir a la tradicional recepción en La Granja; aquella tarde TVE proyectó la película *Cartas a un niño* y Franco se conmovió y sufrió una nueva hemorragia. Juan Carlos aceptó el nombramiento a la vista del deterioro de la salud del Caudillo y el primer acto que presidió fue la firma de una declaración conjunta hispanoamericana, que rubricó al mismo tiempo Nixon en Washington. Franco salió del hospital el 30 de julio, más delgado y tembloroso que cuando había entrado. A su lado en el Cadillac viajan su esposa y el brazo incorrupto de Santa Teresa. Franco le sugirió al príncipe que presidiera el Consejo de Ministros del 9 de agosto en El Pardo. Juan Carlos fue a visitar al Caudillo, que había mejorado, en el Pazo de Meirás a finales de mes: «Estoy encantado, mi general, de constatar que está mucho mejor. Pronto podrá usted reanudar sus actividades y yo podré retirarme». Franco le respondió que siguiera con su tarea, que lo estaba haciendo muy bien, pero el príncipe insistió que su situación era delicada, pues, ante el hecho de que se estaba recuperando, los españoles no entenderían que hubiera dos jefes de Estado en España. En Meirás, el doctor Vicente Pozuelo, le advirtió de las ambiciones de su primo y le aconsejó que tratara a Franco poco menos que como si fuera su padre, pues la camarilla estaba jugando sus cartas, con los nietos alrededor del Caudillo. Sofía, presente en la conversación, entendió que había que demostrar afecto por el viejo general. Una vez más comprendió que le tocaba un papel que desempeñar para alcanzar la meta cada vez más a la vista.

El 31 de agosto Juan Carlos presidió otro Consejo de Ministros, que se celebró en el Pazo de Meirás. El ministro de Gobernación, José García Hernández, le dijo a Franco que era el momento de aligerar responsabilidades y dejar el timón en otras manos, y el general le respondió que él sabía mejor que nadie que esto no era posible. El 2 de septiembre el marqués de Villaverde llamó exultante a Arias Navarro para comunicarle la incorporación de Franco. Este contactó con Marivent para decírselo al príncipe, quien mostró su sorpresa, pues cuarenta y ocho horas antes le había pedido que continuara, en contra de su voluntad, ejerciendo funciones de jefe del Estado. El Caudillo se limitó a avisarle de que tomaba los poderes a partir del día siguiente. Arias ni se trasladó a Mallorca para hablar con él; Juan Carlos decidió no acudir al aeropuerto de Barajas para recibir al general, procedente de Galicia. Además pensó, y de ello fue testigo José María Puig de la Bellacasa, recién incorporado a la secretaría, que no tenía intención de desempeñar la jefatura hasta que la ostentase de forma definitiva a la muerte de Franco.

«La precipitada y desacertada vuelta de Franco al poder fue una victoria de la camarilla de El Pardo sobre Juan Carlos», escribe Preston. El búnker todavía daría un golpe de efecto: puso en el punto de mira al ministro de Información y Turismo Pío Cabanillas. Franco recibió un informe en el que se incluían desde fotografías de mujeres en bikini aparecidas en la prensa a imágenes eróticas de revistas extranjeras, desde una entrevista con Felipe González en un diario andaluz hasta un reportaje sobre la desaparición del aceite de oliva en Redondela, en donde se implicaba a su hermano Nicolás. Cabanillas fue cesado aquel otoño y Barrera de Irimo dimitió por solidaridad.

La salud de Franco se iba a deteriorar a la misma velocidad que el régimen que encarnaba. De hecho, durante su enfermedad se había creado discretamente una comisión de miembros de distintos ministerios para elaborar las instrucciones de la Operación Lucero, que redactó, entre otras cosas, una serie de órdenes para el entierro del Caudillo y la coronación de Juan Carlos.

Capítulo 11

LOS REYES OCUPAN EL TRONO O CÓMO SOBREVIVIR A UNA TRANSICIÓN SIN MANUAL DE INSTRUCCIONES

A finales de 1974 el general Vernon Walters, director de la CIA, llegó a Madrid, antes de visitar Marruecos y Mauritania. El alto funcionario estadounidense había acordado un encuentro con Franco en El Pardo. Este le escuchó en silencio y repentinamente exclamó, sin atender al resto de su exposición: «Usted ha venido a verme para saber qué pasará en España cuando yo muera, ¿no? Pues se lo voy a decir: reinará el príncipe Juan Carlos, que es lo establecido y se hará lo que el pueblo español quiera; de los políticos no me fío».

Por aquellos días, el gobierno se sacó de la manga el Estatuto de las Asociaciones Políticas, que fue aprobado por el Consejo Nacional del Movimiento a las puertas de las Navidades. Las personas más cercanas a Juan Carlos pensaban que podrían utilizarlas como base para avanzar hacia un sistema más representativo, pero el búnker no estaba dispuesto a ninguna veleidad. Ellos tenían la esperanza de que el Consejo Nacional del Movimiento, como organismo que debía velar para que ninguna de estas asociaciones evolucionara para convertirse en partido, sabría mantenerlas a raya, pues las consideraban incompatibles con el régimen, de acuerdo con el criterio manifestado siempre por Franco de que los partidos políticos eran elementos perniciosos, pues acarreaban el enfrentamiento entre los españoles. Poco después, el ministro falangista Utrera Molina denunció al Caudillo que Juan Carlos era un peligro, pues no se sentía vinculado con la continuidad del sistema, algo que rechazó Franco de plano. No obstante, el ministro secretario general del Movimiento le siguió insistiendo en que el príncipe auspiciaría una monarquía liberal, lo que sería la ruina de la España nacida el 18 de julio. El general le respondió que no se preocupara por el futuro, que las instituciones darían respuesta a cualquier intento que pudiera haber de desvirtuar el régimen. Por cierto, fueron palabras muy parecidas a las pronunciadas en su alocución de fin de año, cuando insistió en que las asociaciones políticas nunca abrirían la puerta a las divisiones y egoísmos que trajeron los partidos. Estas acusaciones, entre otras intrigas, acabaron descabalgando a Utrera del coche oficial, siendo sustituido por Fernando Herrero Tejedor, fiscal del Supremo y hombre de corte liberal, que apenas estuvo unos pocos meses en el cargo, pues falleció a consecuencia de un accidente de coche. El príncipe llegó a pensar en él como futuro presidente, haciendo tándem con Adolfo Suárez, un político ambicioso de la misma edad del príncipe, que había sabido conseguir ganarse su amistad, a partir de su nombramiento como director general de Radio Televisión Española. Desde este puesto obtuvo su confianza con decisiones tan arriesgadas como no transmitir en directo la boda de Alfonso de Borbón con Carmen Martínez-Bordiú, la nietísima del Caudillo.

El primer intento de formar una asociación política lo encabezaron Manuel Fraga, Federico Silva Muñoz, José María de Areilza y Alfonso Osorio, que incluso escribió un artículo en *ABC* sobre el nuevo horizonte que se abría en el país. Pensaban que, a la muerte de Franco, Arias les entregaría el poder, pero no dejó de ser un sueño de duro despertar, pues cuando Franco vio su programa les respondió que no habían entendido nada y que Fraga no sabía en qué país vivía.

El verano de 1975 iba a servir para ver a Franco como un anciano que no controlaba sus emociones y que podía sollozar en una audiencia de alféreces provisionales mientras balbuceaba que querían destruir España, o en una demostración naval al divisar el crucero *Canarias*, que era todo un símbolo de la Guerra Civil española. Mientras, la camarilla de El Pardo intentaba propalar rumores no del todo inciertos sobre Juan Carlos, según los cuales mantenía contactos con la oposición, incluido con el comunista Santiago Carrillo. A finales de agosto, un consejo de ministros en el Pazo de Meirás, donde Franco pasaba las vacaciones, aprobó una nueva ley antiterrorista aún más terrible, que desembocó en las sentencias de muerte de miembros de ETA y del FRAP. Una oleada de protestas, pero igualmente de peticiones de clemencia, se iba a suceder en las siguientes semanas. El papa Pablo VI hizo un nuevo llamamiento a la magnanimidad de las autoridades, que apoyaron los obispos españoles. En Naciones Unidas se llegó a solicitar la expulsión de España del organismo. Incluso don Juan envió una petición a través del príncipe para que no se produjeran las ejecuciones. A finales de septiembre se confirmaron cinco penas de muerte.

Esta vez no hubo un acto de debilidad del régimen, como había sucedido cinco años antes con los indultos dictados tras los procesos de Burgos. En esta ocasión Franco quería demostrar la fortaleza de un régimen al que le quedaban tan pocos días como al propio dictador. Su mano tremolaba a causa del Parkinson, pero no iba a temblarle para firmar las sentencias de muerte. El mundo miró horrorizado hacia España, renovándose las protestas en las principales plazas europeas, llegando a ser asaltada la embajada española en Lisboa. Igualmente, las manifestaciones y huelgas en el País Vasco se iban a prolongar durante varias semanas. Muchas democracias europeas retiraron sus embajadores en Madrid.

Tres días después de los fusilamientos, Franco hizo su última aparición pública ante la multitud en la Plaza de Oriente. Se cumplían treinta y nueve años de su proclamación como jefe del Estado. El general, delgado, encorvado y envejecido, salió al balcón ante brazos en alto de sus incondicionales. Su voz trémula apenas se entendía, pero aún le valió para enlazar cuatro frases mil veces oídas sobre contubernios de los enemigos de la patria. La calidez de los aplausos de los miles de concentrados contrastaba con el frío viento otoñal, que iba a afectar a la precaria salud del militar. También estaban en el balcón del palacio real Juan Carlos y Sofía, con aspecto serio y cara de preocupación ante aquella esperpéntica manifestación de adhesión al anciano dictador. Fue el último acto público de un régimen que no daba más de sí. La función había terminado, pero aún queda el epílogo: casi dos meses de agonía de Franco y del sistema de poder que representaba.

El 6 de octubre Hassan II anunciaba la «Marcha Verde» de ciudadanos marroquíes hacia el Sahara español con el fin de ocuparlo. El 15 Franco sufrió un infarto, aunque aún presidió el Consejo de Ministros de dos días más tarde, si bien lo hizo monitorizado, con los médicos mirando en las pantallas la evolución de las constantes vitales en un salón contiguo. Un nuevo infarto e incluso una hemorragia estomacal le sobrevinieron al general, al parecer a raíz de los informes que el ministro del Ejército leyó sobre la Marcha Verde. El deterioro de la salud llegó a un punto tal que Arias y Rodríguez de Valcárcel decidieron que debía entrar en vigor sin más dilación el artículo 11 de la Ley Orgánica del Estado que contemplaba la sustitución del jefe del Estado. No obstante, cuando se lo comunicaron al príncipe, este se negó en redondo, diciendo que solo aceptaría si podía actuar con manos libres, en calidad de rey. Una nueva interinidad en mitad de una situación tan deteriorada dentro y fuera de las fronteras solo podía manchar la imagen de la corona, poniendo de manifiesto la propia debilidad de la institución que encarnaba.

El consejero más cercano de Juan Carlos en aquellos días era Torcuato Fernández Miranda, quien escribió en su diario: «Me necesita pero creo que en el fondo me prefiere en un sitio que no le condicione… Me acepta como consejero, pero no soportaría un tutor». Así que era evidente que entendió que, aunque tenía ascendencia sobre él, a pesar de que le escuchaba sus consejos y respetaba sus opiniones, no sería el futuro presidente. El día 23 Franco sufrió un tercer infarto; el príncipe continuó resistiéndose a coger el poder temporalmente, hasta que fue el propio Caudillo quien se lo pidió, sabiendo que su vida se apagaba. Los médicos le comunicaron al príncipe que la salud de Franco era irreversible, así que finalmente Juan Carlos accedió a la aplicación del artículo 11.

Desde el primer instante actuó con plenos poderes. Como el asunto más candente era la crisis del Sahara, decidió ponerse al frente de la situación. Habló con el presidente Arias y con el ministro de Exteriores, Cortina Mauri, para explicarles que volaría a El Aaiún, le expondría la situación al gobernador general y procedería a la retirada ordenada del Sahara. La reina comentó años más tarde que «el príncipe, la noche antes preguntó si Franco estaba lúcido para consultárselo a él; pero, como no podía ser, esta decisión se tomó en La Zarzuela». Además dijo que «en plan doméstico» se reunieron en el salón su marido, Mondéjar, Armada, Cortina y ella misma. Más tarde se hizo venir a Arias Navarro y al ministro Coloma Gallegos: «Como militar sabía que las tropas lo que necesitaban era ver al gran jefe al frente de ellos. Y, como hombre con olfato, adivinó que a Hassan le agradaría este gesto y disolvería la Marcha Verde, que era una peligrosa provocación para nuestros soldados».

El príncipe también buscó la colaboración del secretario de Estado estadounidense Henry Kissinger, y asimismo la de Giscard d'Estaing. Un hombre tan cercano a Gerald Ford como el general Vernon Walters fue enviado a la región, a la vista de la tensión existente entre España y Marruecos, actuando como intermediario para solucionar el conflicto. Conocedor de los planes del príncipe, habló con el rey alauí para pedirle que pusiera fin a la Marcha

Verde ante la retirada de España, cosa que, por la propia complejidad del personaje, aún tardaría una semana en concretarse.

Una operación de urgencia salvó la vida a Franco el 3 de noviembre, cuando ya había recibido la extremaunción. A los pocos días, Juan Carlos hacía unas declaraciones a *Newsweek* que preocuparon al búnker, pues afirmaba su autonomía personal en la toma de decisiones y manifestaba que aspiraba a ser símbolo de la unidad y la reconciliación entre todos los españoles. Los sectores más reaccionarios aspiraban a que Franco llegara al día 26 de noviembre, fecha en que expiraba el mandato de Alejandro Rodríguez de Valcárcel como presidente de las Cortes y del Consejo del Reino, para frustrar cualquier intento aperturista. Pero Juan Carlos pensaba en un hombre como Torcuato para un puesto tan delicado, que iba a ser clave para desmontar el régimen.

Una nueva preocupación tuvo el príncipe aquellos días, al enterarse de que su padre quería emitir un comunicado declarando la ilegalidad del proceso sucesorio. Para frenar esta intentona pensó en el general liberal Manuel Díez Alegría, quien se entrevistó con el conde de Barcelona en París, después de que este hubiera hablado con el ministro del Ejército, el general Francisco Coloma Gallegos, para comunicarle el mandato que había recibido. El enviado estuvo claro y conciso: el Ejército estaba con Juan Carlos y, si deseaba que la monarquía volviera a España, debía respetar que fuera en la persona de su hijo. Arias se molestó por haber quedado al margen de esta maniobra del príncipe, en la que habían intervenido altos mandos del Ejército: su relación con Juan Carlos no era buena, nunca lo había sido, ya que no había sintonía personal ni política. El presidente del Gobierno incluso se ofreció a presentar su dimisión, cosa que Juan Carlos rechazó por el problema adicional que ello suponía en unos momentos tan delicados y con tantos frentes abiertos. Así que, por sentido de la responsabilidad, prefirió disculparse de no haberle informado de sus gestiones con los altos cargos militares. A partir de aquel día ya no quedó ninguna duda de que Arias no era un hombre de fiar y que sería un obstáculo a superar para conseguir esta reconciliación nacional a la que el príncipe aspiraba con su llegada al trono.

A pesar de que el marqués de Villaverde pugnaba por alargar como fuera la vida del moribundo jefe del Estado, el príncipe iba consultando acerca de los pasos a dar a partir del día que fuera proclamado rey. A pesar de la voluntad de su hija Carmen de que dejaran morir a Franco en paz, el personal militar del Caudillo, Alfonso de Borbón y los médicos cercanos al marqués se negaron, revocando la orden de cesar el tratamiento. Sin embargo, el día 20, a pesar de los denodados esfuerzos por resucitarlo, a las 3.30 de la madrugada se le dio definitivamente por muerto, aunque la hora oficial del fallecimiento comunicada fue las 5.25 de la mañana del 20 de noviembre de 1975, a fin de tener tiempo para poner en marcha la llamada Operación Lucero de seguridad. Fue el doctor Vicente Pozuelo, médico personal de Franco, quien informó al príncipe. No lo hizo en cambio Arias, aunque le correspondía comunicarlo, lo que provocó el disgusto de Juan Carlos, que así se lo espetó sin contemplaciones al jefe del Gobierno, en una conversación telefónica que terminó a gritos.

En aquellos últimos días del régimen, Juan Carlos encontró, una vez más, en su esposa Sofía un elemento de apoyo y reflexión. Pero, una vez muerto Franco, se produjo lo que Javier Tusell calificó como un gran silencio: «En un momento como aquel nadie llamaba y la vida pública parecía detenerse a la espera de no se sabía qué». El marqués de Mondéjar, en calidad de jefe de la casa, comentó con ironía al respecto que esa situación solo podía indicar que venían a detenerle o a proclamarle. La realidad es que todo estaba encauzado y que los movimientos del príncipe en las últimas semanas habían sido acertados.

El 20 de noviembre fue el día más largo para Juan Carlos y Sofía. Ella ha explicado las sensaciones de aquella jornada: «Yo pensaba: "Bueno, ya ha ocurrido". Era un desenlace largamente esperado. Nuestra vida iba a cambiar poco. Ni siquiera cambiaríamos de casa. Solo el título y el tratamiento: de Excelencia a Majestad, nada más. Mi marido ya venía siendo el jefe del Estado. Es curioso, pero no pensaba en nosotros. Pensaba en los Franco. Para ellos sí que iba a ser todo diferente». En efecto, esta preocupación la compartía Juan Carlos, así que se puso manos a la obra para dignificar su situación: no solo compartieron una misa córpore insepulto oficiada por el cardenal Tarancón, sino que el príncipe aseguró a Carmen Polo que se ocuparía de que nada malo les sucediera y que incluso podía permanecer en el palacio de El Pardo el resto de su vida. A los pocos días le concedió el título de señora de Meirás, y a su hija, el de duquesa de Franco.

Dos cosas preocupaban a Juan Carlos mientras muchos ciudadanos desfilaban ante el féretro de Franco: una, la reacción de don Juan, pues sabía que su padre tenía intención de hacer una declaración, y dos, el tono de su discurso tras ser proclamado rey, que debía ser un mensaje que entendiera el país, más allá de la sutileza de su redacción.

La declaración del conde de Barcelona se dio a conocer en París, al día siguiente de la muerte del Caudillo, pero, aunque trataba a su hijo de su heredero y hablaba en calidad de jefe de la Casa Real, se limitó a tachar el mandato de Franco de poder personal absoluto y a expresar que la corona debía contribuir a superar la Guerra Civil y a consolidar una democracia pluralista. A pesar de que la prensa del Movimiento reaccionó de forma furibunda al comunicado, el príncipe pensó que hubiera podido ser peor en caso de ser más explícito hacia su persona. De hecho, una semana más tarde, Antonio Fontán le entregó un mensaje secreto en el que aceptaba a su hijo como rey de España y jefe de la dinastía, aunque le advertía de que no abdicaría hasta tener el convencimiento de que el país avanzaba claramente hacia la democracia.

El 22 de noviembre Juan Carlos de Borbón fue proclamado rey en las Cortes, si bien hubo que jurar fidelidad como tal a las

Leyes Fundamentales y a los Principios del Movimiento. El texto del presidente tenía que hablar más del futuro que del pasado, pero no pudo privarse de referirse a Franco en el párrafo final con «un emocionado recuerdo», eliminando la referencia «al inicio de una nueva era», una frase que había pactado con el príncipe. Juan Carlos vestía uniforme de capitán general del Ejército y aunque hizo alusión a la devoción de Franco por España, él sí que anunció el comienzo de una nueva época, puso a la monarquía como institución aglutinadora de todos los españoles y pidió a los ciudadanos que participaran en un consenso nacional para diseñar el futuro. El discurso, aunque sutil, incluía frases que sorprendieron en la Cámara: «Esa hora dinámica y cambiante exige una capacidad creadora para integrar en objetivos comunes las distintas y deseables opiniones». Además se refirió con cariño a su padre, subrayando que le había enseñado el concepto del deber, y omitió toda referencia al 18 de julio y al Movimiento. No es de extrañar que los procuradores aplaudieran con más ganas a la hija de Franco, presente en el hemiciclo, que a la propia alocución real.

Para tranquilizar a los franquistas más recalcitrantes, el ya rey se dejó ver una hora después ante el catafalco de Franco y visitó a la viuda del Caudillo en El Pardo. Al Ejército, en su condición de jefe de las Fuerzas Armadas, le envió un mensaje claro al mencionarlos como depositarios de los más altos ideales de la patria y garantía del cumplimiento de las Leyes Fundamentales. A la mañana siguiente, Juan Carlos I presidió el entierro de Franco en el Valle de los Caídos, vivamente emocionado. La primera audiencia fue para José Antonio Girón, pues había que calmar al búnker en esa hora incierta.

En cualquier caso, la liturgia de la coronación tuvo una segunda parte. Si la proclamación fue una formalidad institucional, la misa en la iglesia de los Jerónimos era un acto público que hábilmente se aplazó unos días, con la excusa de permitir la presencia de jefes de estado extranjeros, pero también para que estos llegaran a Madrid con Franco enterrado. Estuvieron presentes personalidades como los presidentes francés y alemán, Valéry Giscard d'Estaing y Walter Scheel, además del canciller Willy Brandt o el vicepresidente de los Estados Unidos, Nelson Rockefeller. Manuel Prado y Colón de Carvajal, buen amigo del rey, se movió rápida y eficazmente para conseguir que este primer acto real tuviera una amplia presencia de representantes de democracias. Era evidente el contraste con el funeral del Caudillo, al que solo asistieron el dictador chileno Pinochet y la esposa del dictador filipino, Imelda Marcos, a quienes no se invitó, por cierto, a la misa de coronación del 27 de noviembre. Significativas fueron asimismo las palabras del cardenal Enrique Tarancón, quien en su homilía pidió que Juan Carlos fuera el rey de todos los españoles y que como monarca tuviera acierto y discreción para abrir caminos de futuro, estableciendo cambios en las estructuras político-jurídicas para que los españoles participaran libre y activamente en la vida del país.

No lo tuvo fácil el rey en esa primera hora, pues debía mantener los equilibrios necesarios para no dar pasos en falso, a fin de ir abriendo el régimen. El búnker era tremendamente inmovilista y las fuerzas progresistas deseaban cambios radicales, acelerados y profundos. Sus deseos de cambio estaban atenazados por un presidente de Gobierno como Arias Navarro y un presidente de las Cortes como Rodríguez de Valcárcel, ambos franquistas hasta los tuétanos. «Por razones políticas, y porque había que tener tranquilo al país, tuve que conservar a los dos en sus puestos durante algún tiempo», le confesó el rey a José Luis de Vilallonga.

La reina lo recordó así: «Arrancamos el reinado muy solos y a nuestro aire. ¡Ese sí que era un desafío…! Pero ser reyes no se improvisa (…). Todo iba a ser distinto. Todo tenía que ser distinto. Y éramos nosotros, el rey y yo, quienes teníamos que hacerlo. Y además queríamos que se notara desde el primer momento. No había a quien consultar. Cierto. Ni yo tenía a mi padre, ni mi madre estaba cerca. Tampoco él tenía a don Juan». Sofía sabía que le correspondía un papel decisivo en aquel desafío, apoyando paso a paso el camino que iba a fijar el rey con sus más estrechos colaboradores, con la autoridad que le daba la corona, y especialmente la jefatura de las Fuerzas Armadas. Algunos destacados miembros de la oposición observaron con expectación los primeros movimientos de Juan Carlos. El exdirigente del PCE Fernando Claudín descubrió con asombro que el secretario general del PSOE, Felipe González, no descartaba la posibilidad de un proceso democratizador promovido por el rey, a la muerte de Franco. Todas las opciones estaban abiertas.

Capítulo 12

EL REY MARCÓ EL RUMBO DE LA TRANSICIÓN SIN PILOTO AUTOMÁTICO

Don Juan Carlos era un rey de treinta y siete años, rodeado de gentes de la generación de sus padres, plenamente identificadas con el franquismo. Así que, cuando regresó con doña Sofía a La Zarzuela el día de su toma de posesión, le comentó la sensación de soledad que le invadía y al mismo tiempo la enorme responsabilidad que sentía ante el futuro del país. La larga agonía de Franco había supuesto una tensión enorme ante las intrigas de la camarilla de El Pardo y la indiferencia con que los trataba el jefe del Gobierno, un hombre que se había convertido en un obstáculo para abrir una nueva etapa. Doña Sofía le insistió en que no había manuales de instrucciones para lo que les esperaba, pero que estaba convencida de que el país confiaba en ellos para dar ese paso al que aspiraba la sociedad española. El problema era que resultaban unos desconocidos para los españoles, a pesar de sus esfuerzos, dándose la circunstancia de que no había monárquicos y los pocos que podía haber eran fieles a su padre. Los falangistas le habían gritado a la cara que no querían reyes bobos y la izquierda se refería a él como «Juan Carlos I, el Breve».

La soledad no era algo nuevo para don Juan Carlos, pues desde que llegó a España en el *Lusitania* había aprendido a mirar, a escuchar y a callarse. Ciertamente se había educado en los silencios, pero había aprendido a distinguir entre leales y desleales. Y había tenido a su lado a una mujer como doña Sofía, que tenía inteligencia, dignidad y coraje para ayudarle a afrontar los momentos difíciles. Se lo había demostrado en el pasado y lo volvería a hacer en el futuro. Si bien un nubarrón a finales de aquel primer año desconcertaría a todo el mundo, como recogió discretamente la prensa de la época: una pequeña crisis matrimonial hizo que ella se marchara con los tres niños a la India sin ninguna justificación oficial. Luego se diría que había ido a pasar unos días en Madrás, donde residía durante algunas temporadas su madre, la reina Federica, con su hija Irene, justificándose el improvisado viaje por motivos de salud de la soberana griega.

Casi en los primeros días el rey supo que los socialistas de Felipe González se mostraban moderados en sus exigencias mínimas. La primera gran operación política del nuevo rey fue colocar al asturiano Torcuato Fernández Miranda, del que había aprendido los conceptos políticos, en lugar de Rodríguez de Valcárcel, cuyo mandato expiró a la semana de morir Franco. Un tecnócrata en lugar de un falangista. La sustitución de Arias requeriría más tiempo. El general Armada recelaba de Torcuato y doña Sofía avisó a su marido de que no se fiara de aquel militar que figuraba entre sus colaboradores.

Una de las primeras decisiones de don Juan Carlos fue visitar Barcelona. Sabía que debía ganarse Cataluña si quería ser el monarca de todos los españoles. En este territorio existía un fuerte sentimiento identitario, que no se expresaba con violencia como en el País Vasco, pero no era menos fuerte. Cataluña era la locomotora del país y había que lanzar un mensaje cargado de futuro. El 16 de febrero de 1976 los reyes iniciaron una visita, en contra de la opinión de Arias, que consideraba un error hacer concesiones a los catalanes; tampoco Armada era partidario, porque los conflictos laborales estaban a la orden del día. El rey hizo un discurso en el Salón del Tinell, que fue televisado en directo, donde don Juan Carlos empezó a hablar en castellano para pasar de inmediato al catalán. Aquello resultó un momento tremendamente emotivo. Era un gesto de indudable sentido político, sobre todo cuando Franco había intentado eliminar todo sentimiento catalanista el mismo día que entró con sus tropas en Barcelona, reprimiendo el uso de la lengua catalana. Como emotiva fue su visita al monasterio de Montserrat, que era precisamente la cuna del catalanismo. Además, visitó la comarca trabajadora del Baix Llobregat, que acababa de quedar paralizada por una huelga general. En la localidad de Cornellà habló ante un numeroso público, entre los que había mayoría de obreros, a quienes manifestó que podían estar seguros de que se les reconocerían sus derechos como ciudadanos y como trabajadores.

Contrariamente, la situación en el País Vasco era más complicada. Una parte importante de la población veía con simpatía la violencia de ETA como respuesta a los intentos del franquismo de sobrevivir. El indulto concedido tras la coronación apenas había afectado a unos pocos presos vascos, así que las manifestaciones por la amnistía eran continuas. El clima laboral resultaba igualmente tenso y se producían atentados y secuestros que complicaban la vida política. Fraga, como ministro de Interior del nuevo gobierno, no supo afrontar con inteligencia la situación, obsesionado como estaba por acabar con ETA mediante una tremenda represión policial. Los sucesos de Vitoria, en los que acabaron muriendo cinco trabajadores a la salida de la iglesia de San Francisco por la brutalidad de la policía, enterraron definitivamente su imagen de liberal.

Las relaciones del rey con Arias iban a deteriorarse aún más por su política al frente del gobierno y por su hostilidad hacia su persona. El presidente se negaba a enseñarle sus discursos al rey, porque «él tampoco me muestra a mí los suyos», según el testimonio de Torcuato. Don Juan visitó al monarca a las puertas de la primavera y le dijo sin tapujos: «O liquidas a Arias o eso se acaba». El presidente del Gobierno no hacía ningún caso al jefe del Estado: ni le informaba, ni se dejaba aconsejar. Se limitaba a echarle en cara que si las cosas se mantenían era gracias a su política de no hacer concesiones. E incluso manifestó a terceros que no hablaba con el jefe del Estado porque era como si paseara con un niño de cinco años y «a los cinco minutos no podría con mi aburrimiento».

En realidad, el problema era que el rey no aceptaba ser la figura decorativa que se imaginaba Arias e intentaba impulsar un cambio en contra de su voluntad. Por aquellas fechas don Juan Carlos se vio con José María Gil-Robles y con Salvador de Madariaga, lo que ponía de los nervios al presidente, que debía enterarse de los encuentros por sus espías en Zarzuela, aunque ignoraba de qué se hablaba en aquellas entrevistas. En cualquier caso, la gestión del jefe del Ejecutivo no podía resultar más errática y menos creíble: sus vagos gestos liberalizadores se convertían al poco en una represión desproporcionada. El espíritu del 12 de febrero fue una política de apariencias para no cambiar nada. Arias tuvo la oportunidad de liderar el reformismo, pero no podía aceptar ninguna transformación del sistema por convicción personal y por falta de inteligencia política. A lo sumo estaba dispuesto a maquillar la Constitución franquista, pero ni se le pasaba por la cabeza devolver la soberanía al pueblo. Su vacilante programa nació muerto, o para ser más exactos, se le murió a las pocas semanas de presidir el primer gobierno del rey. La derecha y la izquierda empezaron a pensar que aquella situación viciada no conducía a ninguna parte.

Ante aquel panorama, don Juan Carlos estaba realmente nervioso: no conseguía conciliar el sueño y su rostro reflejaba la preocupación por el callejón sin salida del primer gobierno de la monarquía. En una entrevista concedida a *Newsweek* en abril, el rey cometió la calculada imprudencia de calificar al presidente del Gobierno como «un absoluto desastre». Estaba muy tenso y en alguna ocasión incluso la reina había sido víctima injusta de su irritabilidad. El 21 de mayo, poco después de que Felipe hubiera recibido el título de príncipe de Asturias, la familia real al completo se reunió para recibir a don Juan. Este le instó a destituir a Arias, cosa que no era tan fácil, pues requería de la aprobación del Consejo del Reino. El conde de Barcelona le animó a seguir buscando complicidades con la oposición y le habría prometido su renuncia cuando el país entrara en un periodo democrático.

A los pocos días, don Juan Carlos se reunió con destacados funcionarios de la embajada de Estados Unidos, a quienes no tuvo ningún reparo en decirles que la reforma política pasaba por la destitución de Arias, quien por entonces ya ni siquiera devolvía las llamadas del rey. El 2 de junio el monarca viajó a Washington para iniciar una visita por Estados Unidos. Fue recibido por el presidente Gerald Ford y pronunció un discurso en una sesión conjunta del Congreso y el Senado en el que en un excelente inglés expuso su compromiso con la democracia, algo que puso a los asistentes en pie mientras aplaudían una declaración tan explícita de sus intenciones. *The New York Times* y *The Washington Post* calificaron al rey en sus editoriales de «motor del cambio», expresión que se consolidaría meses más tarde en la prensa española.

A la vuelta de Estados Unidos, se presentó en las Cortes una nueva Ley de Asociaciones Políticas que debía defender Fraga, a lo que se negó Arias. Se pensó en Osorio, pero sus raíces cristianodemócratas jugaron en su contra. Al final, haciendo valer su influencia, el elegido fue Adolfo Suárez, quien defendió la ley con un sólido argumentario y con un estilo claro que gustó al rey y debió de hacerlo igualmente a la Cámara, porque consiguió 338 votos a favor, por 91 en contra y 25 abstenciones. Absurdamente, aquella misma tarde se rechazó aprobar las enmiendas al Código Penal necesarias para poder legalizar los partidos como contemplaba la nueva ley. Arias las había retirado para establecer nuevas consultas, que era una manera burda de ganar tiempo.

En la mañana del día 1 de julio de 1976, después de que el rey se hubiera reunido con Areilza, titular de la cartera de Asuntos Exteriores, («eso no puede seguir así, el oficio de rey es a veces incómodo, pero tenía que tomar una decisión y la he tomado»), llamó a Arias Navarro a su despacho para pedirle su dimisión. Un monarca ojeroso y tenso recibió al presidente del Gobierno. El silencio cortante de los primeros momentos se transformó en un diálogo escueto: «Motivos importantes suficientes debéis tener», le cortó Arias, dolido cuando inició la explicación acerca de por qué le pedía su cese. El presidente aún intentaría conseguir apoyos en el Consejo de Ministros para frenar su destitución: de hecho almorzó con el ministro de Gobernación José García Hernández y el procurador falangista Carlos Pinilla para intentar mover hilos, pero les fue imposible, porque el Consejo del Reino había sido convocado aquella misma tarde.

Cuando unos días después se despidió de sus ministros en una sala presidida por un gran retrato de Franco, Arias estaba furioso, sobre todo porque estaba convencido de que entre sus colaboradores había algunos traidores a su persona. Especialmente distante estuvo con Areilza, que consideraba que había medrado para proponerse como alternativa. También Fraga creía que tenía posibilidades. El rey pensaba en un hombre joven, cuya imagen se acomodara más a los nuevos tiempos. Torcuato estaba de acuerdo. Adolfo Suárez apareció como un serio aspirante por su juventud, su habilidad y su listeza. Pero la terna tenía que proponerla el Consejo del Reino, así que el presidente de las Cortes debía buscar complicidades. Por ello habló con Miguel Primo de Rivera, que era un hombre con autoridad en la institución. La reina lo subrayó en el libro de Urbano: «Él y mi marido eran amigos desde pequeños. Jugó un papel muy interesante en la época de la Transición, y cuando se debatía la Constitución, porque estaba rodeado de hombres del viejo búnker, mayores, muy pegados a Franco; en cambio, él era joven, de la misma generación que el rey, y demócrata y monárquico. Su apellido, muy ligado a la Falange y al régimen anterior, no inspiraba recelos en la vieja guardia».

UN TÉ EN EL SAVOY

Sofía era hija de un rey que a los seis meses de volver del exilio accedió al trono. Resultaba una muchacha seria, disciplinada, tenaz, discretamente extrovertida a causa de su timidez, pero muy agradable en el trato.

UN TÉ EN EL SAVOY

Juan Carlos, por su parte, era el primogénito de un rey en el exilio. El conde de Fontanar insistía en que era un muchacho afectuoso, dócil, nada rencoroso, simpático, valiente y que trataba a las gentes modestas con sencilla afabilidad.

UN TÉ EN EL SAVOY

El *Agamenón* es importante en la vida de Juan Carlos y Sofía porque allí fue donde se conocieron; sin embargo, sería faltar a la verdad afirmar que en este barco se inició su relación. Fotografía de una de las paradas durante el crucero.

UN TÉ EN EL SAVOY

En marzo de 1960, en el baile de las princesas organizado en Estocolmo por Gustavo VI de Suecia, Harald de Noruega y Sofía de Grecia pasaron la mayor parte del tiempo juntos. Se desconoce por qué razón no prosperó el noviazgo aunque, al parecer, él podía estar ya enamorado de Sonia, una muchacha de clase media que, con los años, acabaría siendo su esposa.

UN TÉ EN EL SAVOY

UN TÉ EN EL SAVOY

En septiembre de 1961 se anuncia finalmente el compromiso de la pareja.

UN TÉ EN EL SAVOY

Cuando Victoria Eugenia se encontró con la princesa Sofía, ya prometida, le dijo que, a pesar de su timidez, estaba convencida de que iba a ser una buena reina de España porque era una mujer con personalidad, y que por más reveses que le hubiera dado la vida, siempre había tenido claro que mejor que ser una amargada, era volverse una sabia.

UN TÉ EN EL SAVOY

La boda se celebró el 14 de mayo en Atenas. Franco se limitó a presenciar el resumen de la ceremonia por televisión y le encantó el detalle de que Juan Carlos vistiera prudentemente el traje de teniente del Ejército en la ceremonia.

UN TÉ EN EL SAVOY

UN TÉ EN EL SAVOY

El viaje de novios se planteó por parte de la pareja como una oportunidad
para poner en valor el papel que podía jugar la corona en el futuro de España.
En la fotografía, descanso en Hawái.

UN TÉ EN EL SAVOY

En febrero de 1963, el matrimonio se instaló definitivamente en España, en busca de un sentido a su papel en la sociedad de entonces; el afán por imponer una manera de ser y por marcar su territorio frente al búnker franquista unió aún más a la pareja.

UN TÉ EN EL SAVOY

Sofía había visto cómo una monarquía como la griega había vuelto a implantarse y sabía que les esperaba un largo y tortuoso camino en España, pero tenía claro que la reinstauración era posible. Juan Carlos encontró en su fuerte personalidad el apoyo necesario en tiempos difíciles.

UN TÉ EN EL SAVOY

Las relaciones entre la familia Villaverde y el palacio de La Zarzuela se resintieron. Sofía estuvo al lado de su marido en mantener una postura intransigente y no dejar pasar ni una con respecto a las aspiraciones de Alfonso de Borbón. En la fotografía, en la fiesta de compromiso de don Alfonso con Carmen Martínez-Bordiú.

UN TÉ EN EL SAVOY

Cuando en enero de 1968, Sofía dio luz a un varón, fue Juan Carlos, ilusionado, quien dio la noticia al general: no era una cuestión baladí a los ojos de Franco; al contrario, convertía a Juan Carlos en un candidato aún más idóneo.

UN TÉ EN EL SAVOY

UN TÉ EN EL SAVOY

Cuando el 15 de enero de 1969 Franco le comunicó al príncipe que iba a nombrarle sucesor aquel mismo año, de nuevo fue clave el papel de Sofía, que le insistió las veces que hizo falta en que hacía lo que debía, que ello era la única oportunidad para el retorno de la monarquía y que haría cuanto estuviera de su parte para que la familia no se rompiera.

UN TÉ EN EL SAVOY

UN TÉ EN EL SAVOY

Durante la larga espera que se inició entonces, después de su designación como sucesor, Sofía resultó el apoyo que necesitaba en esa larga espera, no exenta de peligros e intrigas.

UN TÉ EN EL SAVOY

Ya coronado, no lo tuvo fácil el rey en esa primera hora, pues debía mantener los equilibrios necesarios para no dar pasos en falso, a fin de ir abriendo el régimen. Como recordó la reina años más tarde: «Arrancamos el reinado muy solos y a nuestro aire. ¡Ese sí que era un desafío…!».

UN TÉ EN EL SAVOY

UN TÉ EN EL SAVOY

Siete meses después de la muerte de Franco, el camino parecía despejado.
Con Arias fuera del gobierno, el rey ganaba credibilidad ante la oposición antifranquista.
Don Juan Carlos se la jugó con Suárez.

UN TÉ EN EL SAVOY

El protagonismo del rey el 23-F fue decisivo y lo sucedido en aquella larga noche pone de manifiesto el sentido de compromiso con la historia de don Juan Carlos y doña Sofía. Si bien el protagonismo recayó en él, la reina quiso estar en todo momento al lado de su marido y además quiso que el príncipe Felipe, con doce años, asistiera como testigo de aquellos momentos junto a su padre. En la fotografía, conmemoración del treinta aniversario del golpe con los líderes políticos de entonces.

Cuando Felipe González juró el cargo, don Jua
Carlos pensó en las palabras que le había dicho s
padre, en el sentido de que el día que pudiera reina
con un gobierno socialista sería la prueba del nuev
de la consolidación de la monarquí

UN TÉ EN EL SAVOY

UN TÉ EN EL SAVOY

UN TÉ EN EL SAVOY

La figura de los reyes se agrandó a los ojos del mundo por su decidida voluntad de consolidar las reformas democráticas. Bajo la presidencia de González, don Juan Carlos y doña Sofía desempeñarían una intensa campaña en el mundo para presentar la imagen de una España moderna, que había conseguido una transición ejemplar y que deseaba ser un actor de la comunidad internacional. En las fotografías, con los Nixon, con Hussein de Jordania y con Benedicto XVI.

Durante el segundo mandato de Felipe González se amplió el palacio de La Zarzuela para que no desempeñara solo las funciones de residencia real, sino también de edificio administrativo. Una vez más González había sido receptivo a los deseos del rey, que legítimamente quería contar con más espacio para el personal a su servicio.

UN TÉ EN EL SAVOY

En el brindis de la boda de la infanta Elena en el Real Alcázar de Sevilla, el rey improvisó un discurso en el que agradeció públicamente a la reina sus desvelos en la educación de su hija mayor. Fueron unas palabras sentidas que emocionaron a la soberana, que pensó que tantos esfuerzos, tantos sacrificios y unas cuantas soledades habían valido la pena.

La relación del rey con Aznar atravesó algunos momentos nada fáciles, el más complejo de los cuales fue sin duda la discrepancia sobre el papel de España en la guerra de Iraq, por más que quedara en el ámbito privado.

UN TÉ EN EL SAVOY

En noviembre de 2003, después del trauma que supuso su ruptura con la noruega Eva Sannum, no hubo negociación: Felipe de Borbón estaba enamorado de Letizia Ortiz Rocasolano, una periodista asturiana de treinta y un años, divorciada y presentadora de Televisión Española.

La reina acabó por convencer a su esposo de que Letizia podía ser la compañera ideal del príncipe y que el haber crecido en el mundo real, lejos de ser un inconveniente, podía ser una ayuda imprescindible para cuando Felipe de Borbón accediera al trono.

Letizia, que no ha cometido errores desde que alcanzara su condición de princesa tras casarse en la catedral de La Almudena, ha tenido que soportar duras críticas.

Zapatero siempre estuvo exquisito con el rey, aunque durante su mandato la actividad exterior del monarca no fue especialmente intensa, sobre todo en la segunda legislatura. La negación de la crisis y la mala gestión de la misma llegaron a preocupar seriamente al jefe del Estado.

UN TÉ EN EL SAVOY

Si el rey ha resultado un personaje tremendamente popular, con una capacidad de servicio indiscutible, la reina ha sido una persona intachable, entregada a la corona.

La de 2011 fue una Navidad especialmente triste para la familia real, pues el rey ha tenido que anteponer la salvaguarda de la corona al afecto por su hija Cristina y por sus nietos ante el escándalo suscitado por el caso Urdangarin.

UN TÉ EN EL SAVOY

UN TÉ EN EL SAVOY

Más allá de cualquier desencuentro han formado un tándem ganador, que ha facilitado la etapa más larga de democracia en España.

Ante este difícil lance, es evidente que la reina ha querido hacer valer su condición de madre a los ojos del mundo, mostrando su afecto por los duques de Palma.

UN TÉ EN EL SAVOY

La familia real es por una parte una familia y por otra una institución, pero hay que agradecerles que los problemas que han existido entre la pareja soberana no hayan interferido nunca en la corona.

En efecto, la lealtad de Primo de Rivera resultó indiscutible: fue el primero en hablar en la sesión, insistiendo en la idea de fijar un retrato robot del sustituto. La sesión fue larga y compleja. Llegó a redactarse un listado de treinta y dos nombres, que acabarían quedando en nueve. En este momento figuraban nombres que difícilmente gustarían al rey, por lo que suponían de inmovilismo, como el de Alejandro Rodríguez de Valcárcel, Gonzalo Fernández de la Mora o José García Hernández. La habilidad de Primo de Rivera permitió colar el nombre de un hombre joven como Suárez a modo de representante de un «franquismo renovado» y dejar fuera a Rodríguez de Valcárcel porque estaba enfermo. La candidatura prosperó porque los sectores más reaccionarios la aceptaron tras caer Areilza y Fraga, y porque nadie creía que tuviera posibilidades. Los tres nombres que los consejeros del reino finalmente le propusieron al rey fueron los de Gregorio López Bravo, Federico Silva Muñoz y Adolfo Suárez. Todos ellos figuraban en una nota que le había pasado al rey tres meses antes, cuando el monarca le solicitó que le hiciera una lista de posibles recambios de Arias. La hoja, según Pilar y Alfonso Fernández Miranda en el libro *Lo que me ha pedido el rey*, incluía siete nombres, en este orden: 1. Areilza, 2. Fraga, 3. Letona, 4. Pérez Bricio, 5. Federico Silva, 6. López-Bravo y 7. Adolfo Suárez. Don Juan Carlos se decantaría por ese último, a pesar de que Silva fue el más votado.

Adolfo Suárez había cuidado con dedicación y esmero la divulgación de la agenda de los entonces príncipes cuando era director general de RTVE; incluso se había ocupado de crear una filmoteca con imágenes de don Juan Carlos y doña Sofía. Eso había permitido una relación estrecha entre Suárez y el príncipe, basada en la confianza profesional, pero también en el trato personal. Eran dos seductores de la misma edad, con parecida ambición y conciencia de que había que transformar el país en una democracia. El monarca fue hábil al llamar a Silva para felicitarlo por su inclusión en la terna, le agradeció la fidelidad demostrada desde su nombramiento como príncipe y le pidió que ayudara en momentos tan difíciles.

Siete meses después de la muerte de Franco, el camino parecía despejado. Con Arias fuera del gobierno, el rey ganaba credibilidad ante la oposición antifranquista. En este tiempo había dedicado muchas horas a consolidar la lealtad de las Fuerzas Armadas. Y su popularidad había crecido en sus visitas por el país, donde era recibido al lado de la reina con verdadera curiosidad y cariño. Poco a poco el país iba ampliando el marco de libertades, particularmente en la prensa, si bien la calle presionaba para que el cambio fuera más rápido y profundo. El nombramiento de Suárez había causado más sorpresa que otra cosa. La prensa extranjera apostaba por Areilza, pero el nuevo presidente era un desconocido. Él mismo le había dicho a López Rodó que era «un chusquero de la política», como si no tuviera un gran respeto hacia su persona. De todos modos, ahí estaba Torcuato para ir trazando la hoja de ruta en caso de que se desviara del camino imaginado por el monarca. Arias, dolido y decepcionado, encontró en Suárez un rival que no figuraba en las quinielas, así que llegó a decirle que estaba a favor de su nombramiento, porque lo peor hubiera sido que el elegido fuera Areilza. O Fraga. Las credenciales franquistas de Suárez tranquilizaron al búnker, si bien crearon desconfianza en la oposición, que seguía exigiendo en las manifestaciones en la calle una apertura real y una amnistía para los presos políticos.

Don Juan Carlos se la jugó con Suárez. A doña Sofía también le gustaba el personaje: «Era una gran persona, un caballero, cada vez más entrañable, más bondadoso, más amigo leal…». Era consciente de que, si fracasaba, la corona quedaría en entredicho. Javier Tusell ha escrito que entre noviembre de 1975 y diciembre de 1976 don Juan Carlos fue «si no el motor del cambio, caracterización que más apropiadamente debería corresponder a la sociedad española, sí al menos el piloto del cambio (…). Durante estos meses actuó como político: no solo reinó, sino también gobernó;

no solo indicó, sino que tuvo en sus manos decisiones arriesgadas y comprometidas en las que se jugó su propio destino y la posibilidad de la democracia». Luego dejó de desempeñar este papel porque se aprobó una Ley de Reforma Política, cuyo impulsor fue Torcuato, que le permitió actuar como monarca parlamentario antes incluso de que se votara en referéndun la Constitución.

La elección de Suárez iba a provocar que se pusiera en marcha AP, uniendo a rivales del pasado como Fraga y López Rodó, lo que molestó al rey, porque pensaba que lo que tocaba era respaldar a Suárez. Fraga y Areilza se sintieron dolidos por no resultar elegidos, así que no quisieron seguir en el gobierno y además intentaron convencer a figuras influyentes de que no ocuparan cargos porque estaban convencidos de que Suárez era un personaje menor con una gran ambición, pero sin el talento político para liderar el país en aquellos momentos de cambio. Ni siquiera una llamada del rey consiguió que Fraga cediera en su postura.

Suárez empezó a recibir negativas y temió tener que formar un Ejecutivo irrelevante. Alfonso Osorio y Torcuato Fernández Miranda se ofrecieron a ayudarle, y el primero fue nombrado vicepresidente y ministro de Presidencia. Otros conservadores católicos se sumaron, convencidos por Osorio: era el caso de Marcelino Oreja, que fue a Asuntos Exteriores; Landelino Lavilla, que ocupó la cartera de Justicia; Eduardo Carriles, a quien se le asignó Hacienda; o Leopoldo Calvo Sotelo, que desempeñó el puesto de ministro de Obras Públicas. Suárez no quiso tocar a los ministros militares por consejo del rey, e incluso continuó como vicepresidente para Asuntos de la Defensa el general ultraconservador Fernando de Santiago y Díaz de Mendívil, monárquico en tanto que consideraba que don Juan Carlos era la garantía de continuidad del régimen.

El programa de Suárez, presentado en televisión —un medio que conocía bien el nuevo presidente—, reconocía la soberanía popular, apostaba por un régimen democrático y prometía un referéndum sobre la reforma y elecciones antes del 30 de junio de 1977. Una de las primeras cosas que hizo el nuevo gobierno fue presentar las enmiendas al Código Penal para permitir la legalización de los partidos políticos, lo que no fue fácil y requirió una cláusula que parecía impedir la posibilidad de que se acogiera a la ley el Partido Comunista. El presidente Suárez y el rey Juan Carlos iban a mantener numerosos contactos con líderes opositores en los meses siguientes, para igualmente recorrer el país y utilizar su carisma en la pequeña pantalla a fin de proyectar la imagen de una España joven que quería recuperar un puesto entre las democracias europeas. Su intento no era fácil en un país con una gran conflictividad social, con ETA y el GRAPO queriendo imponer su violencia, el búnker político nervioso por la pérdida de su protagonismo y algunos mandos militares ansiosos de la vuelta al pasado.

Los reyes buscaron el apoyo internacional: viajaron a París, donde don Juan Carlos dio a conocer la amnistía recién anunciada, y recibió a Alexander J. Haig, comandante en jefe de la OTAN y jefe de las fuerzas estadounidenses, en Marivent. En otoño haría una visita oficial a Latinoamérica, donde residían muchos exiliados a los que manifestó su voluntad de reconciliación, y a Francia, donde se entrevistó con Giscard d'Estaing. Casi en los mismos días de su primera visita a París, el *Washington Star* publicaba un artículo sobre la reina y su amor al diálogo: de nuevo don Juan Carlos y doña Sofía se repartían papeles con el objetivo común de dar pasos hacia una democracia plena, en lo que es una constante en este periodo tan complicado que fue la Transición. Mientras Suárez se reunía con Felipe González para hablar de la futura Constitución y contactaba con Santiago Carrillo a través del abogado José Mario Armero, para que no pusiera palos en las ruedas de un cambio del que el PCE no sería excluido. Al mismo tiempo tuvo que tranquilizar a los altos mandos militares en el sentido de que las enmiendas del Código Penal no permitían legalizar a los comunistas.

El gobierno aprobó la Ley de Reforma Política sin oposición de los cuatro ministros militares. En cambio, la reforma sindical presentada por el ministro Enrique de la Mata se encontró con la oposición airada del vicepresidente De Santiago, quien veía a los sindicatos como responsables de los desmanes que llevaron a la Guerra Civil. Suárez le obligó a dimitir, en una clara manifestación de que la milicia estaba a las órdenes del poder civil, siendo sustituido por el general Manuel Gutiérrez Mellado, monárquico, liberal y de talante claramente democrático. Ni el cese ni el nombramiento gustaron al búnker, atrincherado tras el diario *El Alcázar*, que se dedicó a alabar a De Santiago y a atacar a su sucesor

El 15 de diciembre fue aprobada en referéndum la reforma política por amplísima mayoría, sin que la abstención fuera lo significativa que hubieran querido las fuerzas de la oposición, que tampoco fueron excesivamente beligerantes. Willy Brandt había visitado días antes al rey para demostrar la comprensión de la Internacional Socialista al proceso, y Carrillo declaraba en una rueda de prensa clandestina en Madrid que acatarían lo que decidiera el pueblo español si una mayoría se decantaba por una monarquía constitucional. La respuesta más contundente vendría de la ultraderecha, que sacó a policías y guardia civiles a la calle dos días después del referéndum para protestar contra la reforma. Jaime Milans del Bosch, comandante de la División Acorazada Brunete nº 1, anunció que se marchaba a casa como señal de protesta y el rey, que tenía una excelente relación con él, tuvo que verle a solas para que recapacitara, cosa que finalmente logró. En la Pascua Militar de 1977, el soberano, además de pronunciar un brillante discurso, intentó calmar los ánimos de algunos altos jefes. Aconsejado por el general Armada, secretario general de la Casa del Rey, en las semanas siguientes recibiría a mandos militares para despachar con ellos, asegurarse su simpatía y tranquilizarles respecto al futuro.

El nuevo año empezó complicado, con los secuestros de Antonio María de Oriol, presidente del Consejo de Estado, y del general Emilio Villaescusa, presidente del Consejo Superior de Justicia Militar, perpetrados por el GRAPO, un grupo marxista-leninista del que se sospechaba que había sido inspirado por la extrema derecha o incluso por la policía. Su liberación permitió respirar al régimen, que ante la actuación criminal de un grupo que se llamaba a sí mismo comunista complicaba la legalización del PCE.

La política en sentido puro también avanzaba y Suárez constituía Unión de Centro Democrático, resultado de la alianza electoral de distintos grupos que iban desde los liberales hasta los democratacristianos, e incluso alcanzando a los socialdemócratas. La Alianza Popular de veteranos franquistas como Fraga, López Bravo, López Rodó, Fernández de la Mora, Silva Muñoz, Martínez Esteruelas, Licinio de la Fuente o incluso Arias, situaba a UCD en una posición de centralidad, entre la derecha más conservadora y los socialistas. El 9 de abril, sábado de Gloria, después de que Carrillo modificara los estatutos del PCE para que se adaptaran a la ley, los comunistas españoles pasaron a ser legales. El rey sabía que no habría democracia plena dejándoles fuera, pero también tenía claro que el anticomunismo del Ejército era un peligro para el nuevo marco democrático que se estaba acabando de diseñar. El propio Armada se lo recriminó a Suárez, por el riesgo que suponía para la corona, pero el presidente del Gobierno no toleró que el secretario general de la Casa del Rey le abroncara, así que el general no tardaría en ser relevado del puesto en palacio.

Lo cierto es que el búnker, más allá de la argucia de los estatutos, pasó a ver a Suárez como el enemigo a batir. El ministro de Marina Pita da Veiga presentó su dimisión y otros ministros civiles como Carriles, titular de Hacienda, intentaron hacerlo también, pero Osorio lo impidió. El rey le dijo a Vilallonga sobre aquellos días: «Recuerdo que tanto el vicepresidente para la Defensa Gutiérrez Mellado, como los ministros del Ejército y del Aire continuaron en sus puestos. Pero es cierto que otros se sintieron engañados. En otros tiempos habían combatido a los comunistas, los habían vencido y allí estaban otra vez, en cierto modo victoriosos. Tuve que hablar con muchos de ellos para explicarles que no iba a pasar nada, que Carrillo permanecería tranquilo, que no habría ni banderas rojas, ni manifestaciones callejeras. Para mí fueron aquellos momentos muy difíciles».

Después del desfile de las Fuerzas Armadas de aquel año, don Juan cumplió la promesa que le había hecho a su hijo de que renunciaría a sus derechos dinásticos y reconocería a don Juan Carlos como rey cuando el país tuviera las bases de una auténtica democracia. La renuncia se produjo durante una discreta ceremonia en el palacio de La Zarzuela. Aunque el rey no tenía dudas sobre su legitimidad, como lo demuestra que le había dado a su hijo Felipe el título de príncipe de Asturias, resultaba evidente que el gesto del conde de Barcelona suponía cerrar cualquier disputa dinástica, aparte de ser un acto de generosidad y cariño a su hijo. Poco después, Torcuato Fernández Miranda presentó su dimisión, seguramente porque consideraba que su misión había terminado, pero también porque su relación con Adolfo Suárez se había deteriorado y el rey veía en el presidente del Gobierno el hombre clave de aquel momento de la historia, en detrimento de su consideración hacia Torcuato.

Las elecciones del 15 de junio de 1977, donde participó el 81,2 por ciento del electorado, las ganó la UCD, con el 34,4 por ciento de los votos. El centro obtuvo 166 de los 350 escaños del Congreso, mientras que el PSOE se erigió como el gran partido de la oposición, con el 29,3 por ciento de los votos y 103 escaños. El rey manifestaría solemnemente en las Cortes una semana más tarde, justo el día en que se cumplían ocho años de su proclamación como sucesor de Franco, que la democracia había comenzado. El monarca atribuyó el éxito del proceso democratizador a la sensata madurez del pueblo español y a la capacidad de evolución de los líderes que estaban sentados en el pleno. A muchos de ellos ni siquiera los conocía, pero era evidente que representaban a una nueva España que no tenía nada que ver con el régimen anterior, que iba a ser definitivamente historia cuando se aprobara la reforma constitucional en los meses siguientes.

Al regresar a La Zarzuela después de aquella sesión en el Congreso de los Diputados, el rey le comentó a la reina que lo más difícil ya estaba hecho, pero todavía quedaba lo más importante: consolidar aquella incipiente democracia amenazada desde distintos frentes. De nuevo en palacio sintieron una extraña sensación de soledad, pero también de deber cumplido.

Capítulo 13

LA NOCHE MÁS LARGA EN EL PALACIO DE LA ZARZUELA

El régimen franquista quedó enterrado el 15 de junio de 1977. Una semana más tarde, el rey, que había entrado en el Congreso entre aplausos en compañía de la reina, se dirigió a las Cortes recién elegidas para proclamar que aquel acto solemne tenía un significado histórico: «El reconocimiento de la soberanía del pueblo español». El proceso que se iniciaba iba a limitar las propias competencias reales, heredadas de Franco. Entre las primeras iniciativas que el presidente Suárez puso en marcha figuraba un acuerdo con los partidos políticos, que se llamó los Pactos de La Moncloa, que pretendían mejorar la situación de la economía española, con una inflación galopante, al tiempo que se impulsaba un pacto social con los sindicatos para moderar la conflictividad en las empresas. El presidente, que se sentía fuerte, se cobró aquellos mismos días la cabeza del general Armada como colaborador real, pues los enfrentamientos entre ambos habían sido frecuentes a causa de que el militar se autocalificaba de «guardián de la monarquía» y pensaba que la reforma política había ido demasiado lejos y demasiado rápida. A Suárez le consideraba un personaje menor, que había utilizado RTVE para medrar en La Zarzuela y que se permitía hablarle en un tono que solo podía llevarle a su cese. A Armada le iba a suceder en palacio otro general, Sabino Fernández Campo, un hombre culto y moderado, que se convertiría en un hombre muy importante en el entorno real. Don Juan Carlos era el rey de una democracia, con todo lo que ello significaba, y en la recepción de su santo se le pudo ver charlando con socialistas y comunistas, lo que era una imagen que nunca se le debió de pasar por la cabeza al anterior jefe del Estado, que siempre creyó haberlo dejado todo perfectamente atado.

Uno de las noticias relevantes de aquellos primeros días de democracia fue el retorno del presidente de la Generalitat en el exilio, el veterano político republicano Josep Tarradellas. El De Gaulle catalán siempre había mantenido que solo regresaría de su exilio francés si se le garantizaba el restablecimiento de la institución que dignamente representaba. En los meses anteriores a su regreso se habían producido contactos exploratorios, el primero de los cuales lo llevó a cabo el financiero catalán Manuel Ortínez, amigo personal del vicepresidente Alfonso Osorio. Carlos Sentís, periodista y hombre de la UCD, también viajó a la pequeña población de Saint-Martin-le-Beau, cerca de Tours, donde vivía Tarradellas. El 27 de junio, el ilustre exiliado viajó a Madrid en un avión privado del empresario vasco Luis Olarra. El presidente catalán se entrevistó con Suárez y con el rey. El primer contacto con el presidente español no fue nada bien, pues este pretendía una solución descafeinada de la autonomía catalana, pero, al salir de Moncloa, Tarradellas comentó que había encontrado a Suárez muy receptivo, una expresión que gustó a su interlocutor, que pensó que había tenido delante a un político muy hábil, que buscaba soluciones en lugar de problemas. Con don Juan Carlos se entrevistó al día siguiente, después de que este hablara con el ministro Coloma Gallegos para tranquilizarle. El rey, que se había informado bien de quién era Tarradellas, estuvo encantador con el líder republicano, pero además le demostró un perfecto conocimiento de la situación catalana y sus aspiraciones. Todo ello iba a redundar en el retorno del presidente y en la restauración de la Generalitat en los meses siguientes, en un acto que incomodó en los cuarteles, pero que contó con gran respaldo popular en las calles.

La cuestión vasca era más compleja de solucionar, pues el presidente vasco, Jesús María Leizaola, del Partido Nacionalista Vasco, no tenía la misma autoridad moral ni reconocimiento público que el presidente catalán. Fue Carlos Garaikoetxea, presidente del PNV, quien se entrevistaría aquel otoño con el rey. No dio detalles de la audiencia, pero aseguró haber encontrado al monarca comprensivo y consciente de que había que buscar soluciones a las aspiraciones del pueblo vasco. Había un asunto complejo en estas negociaciones, como era la demanda de medidas de gracia para los presos de ETA. Una comisión parlamentaria empezó a estudiar la concesión de una amnistía, que abarcara no solo a etarras, sino también terroristas de ultraderecha, militares republicanos o miembros de la ilegal Unión Militar Democrática (UMD). El secretario de la misma fue llamado a Moncloa donde Manuel Gutiérrez Mellado y una docena de generales más mostraron su preocupación por los trabajos de la comisión ante la reacción que pudiera haber en los cuarteles.

El Ejército era una institución sobre la que el rey mantenía una gran ascendencia, más allá de ser el jefe de las Fuerzas Armadas. Don Juan Carlos había estudiado en la Academia Militar, se había sabido granjear la amistad de altos mandos y, en definitiva, era un hombre que había sido designado por Franco. Sin embargo, los cambios que se sucedían en España no acababan de ser digeridos por la milicia, muchos de cuyos generales sentían que habían ganado la guerra y no entendían tantas concesiones a los derrotados y a un régimen democrático que habían derrocado en el pasado. El rey había dedicado muchas horas a procurar la lealtad del Ejército. Don Juan Carlos de Borbón medía muy bien sus discursos en la Pascua Militar, hacía evidentes sus gestos en el desfile de las Fuerzas Armadas y participaba a menudo en maniobras militares, lo que le permitía convivir con los mandos. El rey y la reina, formando un tándem perfecto, empleaban mucho tiempo en recorrer España, mientras hablaban con las gentes y se daban a conocer a los ciudadanos, llevando un mensaje de reconciliación y de diálogo. Los reyes consiguieron una gran popularidad en el país y un gran respeto en los cuarteles, pero era evidente que en estos últimos se había hecho fuerte el búnker, que consideraba que el escenario no era el que había imaginado Franco para el futuro de España. En la Pascua de 1978, el rey fue testigo de la hostilidad de los franquistas más ultramontanos a cualquier intento de cerrar las heridas de la Guerra Civil. Algunos expresaron en privado su disgusto por el hecho de que la Constitución que estaba empezando a redactarse diera el nombre de nacionalidades a algunas regiones españolas, como era el caso de Cataluña, Galicia o el País Vasco, lo que se veía como una amenaza a la unidad de España, de la que el Ejército se consideraba garante.

La constitución del Consejo General Vasco para desarrollar la autonomía de Euskadi no supuso ningún cambio en ETA; al contrario, la organización terrorista atacó al corazón del Ejército repetidamente para provocar una intervención militar. La extrema derecha comparaba en su prensa la situación de 1978 con la de 1936. Blas Piñar abogaba en sus mítines por un golpe del Ejército. En ese clima de gran tensión se aprobó la Constitución por clara mayoría, el 31 de octubre de 1978, con solo seis votos en contra. Ninguno de los ponentes, ni siquiera el representante comunista, había cuestionado en su redacción la monarquía. El 6 de diciembre fue la fecha fijada para el referéndum constitucional. Pocos días antes fue desarticulado un plan llamado «Operación Galaxia», por el nombre de la cafetería de Madrid donde se reunían los golpistas. El teniente coronel Antonio Tejero y el capitán Ricardo Sáenz de Ynestrillas eran los inspiradores de una insurrección que pasaba por secuestrar a Suárez y a todo el gobierno en La Moncloa. Nunca se ha aclarado, pero algunos destacados generales podían haber sido informados de este intento de golpe por sus organizadores. La fecha elegida por los conspiradores era el 17 de noviembre, aprovechando que el rey iba a estar fuera del país, pues empezaba una larga gira por Latinoamérica. Sin embargo, uno de los insurrectos puso en conocimiento el plan al jefe de la policía y este, tras una investigación, procedió, de acuerdo con el ministro Rodolfo Martín Villa, a detener a los golpistas.

La Constitución se aprobó, pero los datos en el País Vasco, donde se habían incrementado los ataques a policías y guardia civiles por parte de ETA, fueron preocupantes, pues votó menos del 50 por ciento de la población, y una cuarta parte de los que acudieron a las urnas lo hicieron para emitir voto en contra. Cuatro meses después, se convocaron elecciones, que volvió a ganar UCD, pero con menos margen. El partido en el gobierno sufría el desgaste de una situación tan complicada, aunque Suárez mantenía su encanto para los españoles. En Euskadi, Herri Batasuna, un partido que apoyaba los planteamientos de ETA, había logrado el 15 por ciento de los votos. El nuevo gabinete, con un inexperto ministro de Defensa como Agustín Rodríguez Sahagún, en el que no estaba el experimentado Martín Villa en Interior, y con la renuncia de Francisco Fernández Ordóñez en Hacienda tras señalarse como submarino socialista, daba la impresión de ser un ejecutivo menos fuerte.

España le había dado la vuelta a la situación como si fuera un calcetín, pero en los cuarteles mandaban los ultras, en especial en algunas unidades clave como la División Acorazada Brunete. Por primera vez, el rey pensó que Suárez no acababa de controlar la situación. Los cambios entre los mandos militares llevados a cabo por el vicepresidente Gutiérrez Mellado requerían, a menudo, saltarse el escalafón de la antigüedad, para poder situar hombres de su confianza, con un espíritu más liberal y mente abierta, lo que hacía crecer la tensión en el Ejército. En ese clima, ETA se cobraba víctimas cada vez más importantes en la milicia, como el general Luis Gómez Ortigüela, jefe de la sección de Personal de Estado

Mayor del Ejército, dos coroneles y un conductor, que fueron acribillados en el centro de Madrid. La prensa empezó a utilizar el eufemismo del ruido de sables en los cuarteles, sobre todo tras la explosión de una bomba en la cafetería California 47 de Madrid, en el barrio de Salamanca, en la llamada zona nacional. Murieron ocho personas y cincuenta resultaron heridas en un atentado atribuido al GRAPO.

En los meses siguientes, se aprobaron los estatutos de autonomía de Cataluña y el País Vasco, pero la figura de Suárez era cada vez más contestada. Felipe González presentó una durísima moción de censura en mayo de 1980, que el líder centrista salvó por los pelos, gracias a AP y a CiU. Poco después, dimitía el vicepresidente económico Fernando Abril Martorell y la soledad del presidente se hacía aún más evidente.

El rey se sintió alarmado por la sensación de parálisis del gobierno, los nervios de los militares y la brutal actuación de ETA, que ya había asesinado a 114 personas en octubre de aquel año, un promedio de una víctima cada tres días. Las divisiones en el seno de la UCD eran evidentes. El general Alfonso Armada, que seguía manteniendo relación con el rey, empezó a tener contacto con políticos de la oposición, ofreciéndose como alternativa en un gobierno de unidad nacional. También se vio con el capitán general Jaime Milans del Bosch, a quien don Juan Carlos habría pedido que lo tranquilizara. Pero Armada fue más allá y le explicó que el monarca le había dicho que estaba harto de Suárez e incluso que la reina se inclinaba por un gobierno de militares, algo muy improbable viendo que esa solución había supuesto el fin de la institución en Grecia.

A principios de 1981, Suárez se dio cuenta de que había perdido la confianza del rey, al tiempo que era cuestionado en el seno de su propio partido, así que decidió dimitir. Tras un almuerzo en La Zarzuela, anunció su renuncia ante las cámaras de televisión. La frase «no quiero que por mi culpa el sistema democrático sea un paréntesis en la historia de España» resultó reveladora. En aquel contexto, se produjo el viaje oficial de los reyes al País Vasco y, aunque fueron acogidos en muchos lugares de forma muy cálida, hubo también algunas manifestaciones antiespañolas en el aeropuerto de Vitoria. En la Casa de Juntas de Guernica se iba a producir un serio incidente al ser interrumpido el discurso del monarca por los diputados de Herri Batasuna que, puño en alto, se pusieron a cantar el himno del soldado vasco, conocido como *Eusko Gudariak*. Tras ser desalojados los abertzales y ante los aplausos del resto de la Cámara, el rey recuperó el hilo de su discurso, con un párrafo que no estaba en el texto original y que improvisó Sabino Fernández Campo: «Frente a quienes practican la intolerancia, desprecian la violencia y no respetan nuestras instituciones yo proclamo mi fe en la democracia y mi confianza en el pueblo vasco».

La inesperada muerte de la reina Federica durante una intervención de cirugía estética obligó a los reyes a viajar a Grecia para el entierro. A su vuelta, Leopoldo Calvo Sotelo fue elegido en el congreso de UCD como sucesor de Suárez. Calvo Sotelo era un hombre más ilustrado y más conservador que su antecesor, así que su partido pensaba que podría dar más tranquilidad a la UCD y al país. El día en que iba a tomar posesión, el 23 de febrero de 1981, la sesión fue interrumpida por un grupo de guardias civiles, al frente de los cuales figuraba el teniente coronel Tejero. Al poco llegaba la noticia de que Milans del Bosch había declarado el estado de excepción en la región militar de Valencia y sacaba los carros de combate a la calle, a la vez que publicaba un bando en el que prohibía toda actividad política. Unidades de la División Acorazada Brunete habían empezado a tomar puntos clave de Madrid, entre ellos las instalaciones de RTVE y las principales cadenas radiofónicas. Alfonso Armada era el hombre llamado a gobernar el país según los golpistas, al tiempo que debía ser ascendido a presidente de la Junta de Jefes de Estado Mayor (JUJEM) para que no quedaran dudas de la lealtad del Ejército.

El rey tuvo noticia de la irrupción de guardia civiles en el Congreso cuando se disponía a jugar una partida de *squash* con su amigo Ignacio Caro, un marino vasco que había estado en el puente de mando del *Giralda*, del conde de Barcelona, y después, del *Fortuna* del rey. Don Juan Carlos se puso a impartir órdenes desde el primer momento, contando a su lado con el jefe de su casa, el marqués de Mondéjar, que era general de Caballería; el general Sabino Fernández Campo, su secretario general y el teniente general Joaquín Valenzuela, jefe de la Casa Militar, que garantizó la lealtad del regimiento de paracaidistas de las afueras de Madrid. Una de las primeras personas a las que llamó el monarca fue al presidente de la JUJEM, el teniente general Ignacio Alfaro Arregui, que informó a todas las unidades del compromiso del rey con la democracia y su voluntad de defender la Constitución.

Don Juan Carlos impulsó la formación de un gobierno paralelo, ante el hecho de que el gobierno y el Parlamento estaban secuestrados a punta de pistola en las Cortes. Francisco Laína, número dos de Interior, fue el encargado de formar este ejecutivo con secretarios y subsecretarios de Estado. Otro personaje clave en aquellos días fue el general Guillermo Quintana Lacaci, capitán general de Madrid, que llamó al general de la Brunete, José Juste, para informarle de que Armada no estaba en La Zarzuela ni se le esperaba y para ordenarle que no desplegara sus unidades por la capital.

El protagonismo del rey en aquellas horas fue decisivo. Fue él personalmente quien le prohibió a Armada que se presentara en palacio, a la vista de su participación en la conspiración golpista, y quien llamó a los capitanes generales de las distintas regiones para pedirles lealtad. Algunos, como el general de Valladolid, Ángel Campano, se pusieron a sus órdenes, aunque añadiendo que era una lástima que no secundara la operación. Otros, como el ultra Pedro Merry Gordon, estuvieron en contacto constante con Milans del Bosch al tiempo que hablaban con el monarca. Al menos, este general lo hizo mientras pudo, porque aquella noche el Chivas Regal al que era tan aficionado Merry Gordon le iba a dejar fuera de juego, lo que fue una suerte para la democracia. Don Juan Carlos habló aquella tarde con Giscard, con Pertini, con Balduino, con Hassan, con la reina Isabel... Y también con Garaikoetxea y Pujol. Este último dijo por radio que el monarca le había manifestado que la situación estaba controlada: «Tranquilo, Jordi, tranquilo».

El general José Gabeiras, jefe de Estado Mayor, recibió la orden del rey de controlar a Armada en el Cuartel General del Ejército. A pesar de ello, todavía volvería a llamar a don Juan Carlos para decirle que, si iba al Congreso, podría controlar la situación, algo que le prohibió de nuevo el rey. Por la noche, el monarca grabó un mensaje al país con uniforme de capitán general de los Ejércitos, que no pudo emitirse hasta primera hora de la madrugada al estar RTVE controlada por militares golpistas. El mensaje era inequívoco: «La corona, símbolo de la permanencia y de la unidad de la patria, no puede tolerar en forma alguna acciones o actitudes de personas que pretendan interrumpir por la fuerza el proceso democrático que la Constitución votada por el pueblo español determinó en su día a través de un referéndum». De madrugada también, el rey habló con Milans del Bosch. Era su segunda conversación telefónica, en la que le dejó bien claro su compromiso con la democracia, al tiempo que le ordenaba la retirada de los tanques de las calles de Valencia, instándole a que convenciera a Tejero para que desistiera de su acción, pues habían perdido la batalla.

Una vez derrotado el capitán general de Valencia, Tejero accedió a negociar la rendición, para lo que pidió la presencia del general Armada. Al salir del Congreso, a mediodía del 24 de febrero, Suárez se enteró de que Armada había sido el negociador, por lo que en su inmediata visita a La Zarzuela le comentó al rey que se había equivocado con el general. El monarca le rectificó: «No te equivocaste, Armada era el jefe de la conspiración».

Lo sucedido en aquella larga noche pone de manifiesto el sentido de su compromiso con la historia de don Juan Carlos y doña Sofía. Si bien el protagonismo de la jornada recayó en el rey, la reina quiso estar en todo momento al lado de su marido, y además quiso que el príncipe Felipe, con doce años, asistiera como testigo de aquellos momentos junto a su padre. Si en el instante en que entró Tejero pistola en alto en el Congreso, el monarca estaba en chándal para disputar un partido de *squash*, la reina estaba en su cuarto leyendo cuando la doncella le comunicó que se habían oído tiros en el Congreso. Entonces telefoneó a su esposo, él también los había escuchado: «Le noté alarmado». Constantino de Grecia ha contado que la presencia del príncipe Felipe a su lado fue decisión del rey «para que le viese actuar». Y añadió: «Hizo bien, porque, cuando se es un muchacho de doce años, esas escenas, esas actitudes de firmeza del padre, esa lucha por ganar para los españoles la libertad y la democracia, todo eso se graba en la conciencia y es una lección inolvidable que sirve para siempre. Y, además, era importante que el príncipe estuviera allí, por el rey y la reina: su presencia les obligaba a estar enteros, a no venirse abajo, a darle ejemplo de valor, de aplomo, de dominio de la situación».

La reina relata en sus memorias: «El príncipe Felipe estaba allí, y se enteraba de todo. Al final, se durmió en el sofá. Esa noche nadie se fue a la cama. Se ha escrito que Felipe dijo de pronto: "¡Jo, qué mes!", pero era porque me había oído comentar a mí: "Vaya racha la de este mes: la dimisión de Suárez, lo de Guernica, la muerte de mamá… y ahora, el golpe de Estado"». De aquella jornada, el propio rey destaca en el libro-entrevista de Vilallonga el apoyo que tuvo en la reina y lo positivo que le resultó el hecho de que tuviera a toda la familia cerca. Asegura que cuando su hijo le preguntó qué iba a pasar don Juan Carlos recurrió a un símil futbolístico: «En el fútbol, cuando el balón está en el aire, no se sabe de qué lado va a caer. Pues ya ves, Felipe, con la corona es lo mismo. En estos momentos está en el aire y yo voy a hacer todo lo posible para que caiga del lado bueno».

El periodista francés Philippe Nourry escribió que aquella jornada del 23 de febrero de 1981 fue, sin duda, «la noche de la consagración» de la corona. El rey había superado la prueba del nueve como jefe de Estado democrático y el país entero le reconocía sus méritos.

Capítulo 14

LA CARTA DEL REPUBLICANO FELIPE GONZÁLEZ QUE EL REY LEYÓ A SU FAMILIA

«De los presidentes del Gobierno que ha habido, ya en democracia, Felipe es el que tiene un carácter más abierto, quizás por ser andaluz. Es listo. ¡Muy listo! Y con tanto tiempo en el poder ha llegado a ser un auténtico estadista». La opinión que la reina tiene de González no engaña: supo ganarse la confianza de la corona, a pesar de las dudas que ofrecía que subieran al poder los socialistas, cuyo partido se declaraba republicano en sus estatutos. En *La reina muy de cerca*, volvió a dar su opinión del expresidente socialista: «Felipe González, siendo republicano por familia y por ideología, fue no ya respetuoso sino exquisito en el cuidado de todo lo que tenía que ver con la corona y no digamos con la figura del rey. Él, además, como persona es un hombre simpático, ocurrente, afectuoso. No se quedaba en el estricto protocolo de la relación entre el primer ministro y el rey. Gobernó casi catorce años, el que más, y se creó una buena confianza. En sus ratos libres, se iba a aquel invernadero que tenía cerca de la casa, y era feliz con sus bonsáis. Nos regaló varios ejemplares que él consideraba sus obras de arte. También, con toda naturalidad, nos traía verduras que cultivaba él mismo en el huerto de La Moncloa».

El 28 de octubre de 1982 el PSOE ganó por aplastante mayoría las elecciones generales, con el eslogan de «por el cambio» como bandera. No podía haber mayor repulsa al golpe militar que aquel resultado aplastante en las urnas. España quería cambiar el paisaje político y la victoria socialista supuso el acceso al poder de una generación joven y progresista, que estaba formada por hombres y mujeres nacidos después de la guerra, que veía en Europa la manera de exorcizar los fantasmas del pasado. Los socialistas obtuvieron el 47,26 por ciento de los votos y 202 escaños, Alianza Popular fue la segunda fuerza con el 25,89 por ciento y 107 diputados y UCD quedó reducida al 6,15 por ciento y unos ridículos 11 representantes. González recibió el encargo real de formar gobierno y Gregorio Peces-Barba, nuevo presidente de las Cortes, pronunció un discurso en la Cámara que tranquilizó al monarca, pues fue una defensa de la corona, de quien dijo que proporcionaba equilibrio y potencial de progreso. Cuando más tarde estampó su firma en el decreto que Peces-Barba le presentó, por el cual nombraba a González presidente, el rey le dijo: «Muchas gracias, si mi abuelo hubiera podido hacer esto con Pablo Iglesias no habríamos tenido guerra civil». Al primer gobierno socialista no le faltaron problemas, pues tanto el terrorismo de ETA como la subversión militar requerían tiento y autoridad. El PSOE se puso manos a la obra para modernizar España, profesionalizando las Fuerzas Armadas, reestructurando la industria y reformando el campo.

Cuando Felipe González juró el cargo, don Juan Carlos pensó en las palabras que le había dicho su padre, en el sentido de que el día que pudiera reinar con un gobierno socialista sería la prueba del nueve de la consolidación de la monarquía. Su valentía en la defensa de la democracia el 23-F contribuyó a la legitimación de la institución, pero la convivencia con un partido de izquierdas en el poder iba a demostrar que la institución podía ser un elemento de estabilidad para el país. El PSOE intentó, desde el mismo día que ganó las elecciones, tranquilizar a los militares y tanto La Zarzuela como los cuarteles percibieron los signos que lanzaban los socialistas para poner de relieve el olvido de su tendencia republicana y las muestras de respeto hacia la figura del rey. De hecho, González estableció una periodicidad fija para sus despachos de trabajo con don Juan Carlos, que serían los martes. Las agendas de ambos se supeditaban a estas reuniones. La Casa del Rey y la secretaría del presidente elaboraban el temario de cada sesión. Sabino Fernández Campo pasó a ser un hombre clave por aquellos años, aunque el secretario general, obsesionado por preservar la figura del monarca, temía que los socialistas, más allá de su trato exquisito, quisieran reducir la funcionalidad de la corona. En una ocasión le advirtió al soberano que los socialistas le querían poner tan alto que al final no se le iba a ver. Su preocupación era que el jefe del Estado no perdiera la relación directa con la política diaria, ni se dejara arrebatar las pocas e indefinidas funciones y competencias que la Constitución le asignaba.

La imagen de una España gobernada en tándem por un presidente socialista, joven, inteligente, trabajador y de extracción humilde, y un rey igualmente joven, valiente, cordial y que había defendido la democracia ante los militares golpistas, era una magnífica carta de presentación para el país, más allá de los complicados problemas que uno y otro tenían por delante. Ambos se iban a entender pronto, aunque se disputaban la popularidad de los españoles. La figura de don Juan Carlos de Borbón registraba cuotas de aprobación por encima del 80 por ciento. González supo ganarse muy rápidamente la confianza de la corona. Los reyes daban muestras indudables de satisfacción al comprobar el trato exquisito que recibían del gobierno socialista; de hecho el monarca había manifestado en más de una ocasión su comodidad en la relación con los nuevos dirigentes, muy superior a la que había sentido con sus antecesores centristas.

La situación militar mejoró durante este primer mandato del PSOE, gracias a la habilidad y saber hacer de un ministro de Defensa como Narcís Serra, que no solo no era militar sino que ni siquiera hizo la mili. Economista respetado y político seductor, pensó que la adhesión a la Alianza Atlántica, que se votaría en referéndum en 1986, iba a ser el punto de partida para la profesionalización de un Ejército que se convertiría en una institución muy distinta al que se había heredado del franquismo, en la que primarían la formación y los idiomas. El CESID aún desactivaría una intentona golpista el 2 de junio de 1985, cuando un reducido grupo de militares, entre los que volvía a estar el comandante Ricardo Sáenz de Ynestrillas, quiso hacer estallar una bomba bajo la tribuna donde la familia real, Felipe González, Narcís Serra, los altos mandos del Ejército y otros invitados presenciarían las celebraciones del Día de las Fuerzas Armadas, en La Coruña. En su momento no se supo prácticamente nada de aquella macabra locura, llamada «Operación Zambombazo», con la intención de no dar publicidad a las maniobras desestabilizadoras; tuvieron que pasar seis años para que se conocieran los detalles de aquella desesperada intentona por frenar el avance de la democracia. Los golpistas querían atribuir a ETA el atentado y forzar la constitución de un gobierno militar.

De hecho, ETA era la mayor amenaza de la España del cambio, pues siguió sembrando de muertos el país, entre ellos un militar tan prestigioso, leal al rey y a la democracia, como el general Guillermo Quintana Lacaci, capitán general de Madrid, asesinado en 1984. El terrorismo etarra incluso hizo explotar un artefacto en el hotel Montarto en 1986, en el que don Juan Carlos iba a reunirse con políticos, durante las vacaciones navideñas de la familia real en Baqueira-Beret. Aquel mismo año la prensa publicó que habían sido descubiertos documentos que apuntaban a un plan para atentar contra el príncipe Felipe.

En España los dos grandes asuntos, la cuestión vasca y la catalana, parecían mejor encarrilados. Eran asuntos estos que preocupaban a la corona, que desde el primer día había afirmado que quería reinar «como rey de todos los españoles». El soberano, que nunca se llevó bien con Carlos Garaikoetxea, que fue lendakari entre 1980 y 1984, por su ambivalencia con respecto a la institución, mantuvo relaciones más fluidas con su sucesor José Antonio Ardanza, hasta el punto de que este acudió voluntariamente a mostrar sus respetos al monarca tan pronto fue nombrado presidente. El gobierno de coalición de 1987 entre PNV y PSOE en el País Vasco contribuiría a normalizar las relaciones, aunque el rey no volvería a Euskadi hasta 1991, diez años después de su primera visita. El viaje, más allá de los incidentes causados en Bilbao por simpatizantes de Herri Batasuna, constituyó todo un éxito.

En el caso de Cataluña, la buena relación del rey con Tarradellas se mantuvo con su sucesor Jordi Pujol, aunque en los primeros tiempos de su mandato resultó más formal que cordial. La visita de los reyes en 1985 iba a suponer una mejora en las relaciones de la corona con la Generalitat. El discurso de don Juan Carlos reconociendo la identidad catalana, pronunciado en parte en catalán, y el hecho de que aceptara presidir una reunión del Consell Executiu fueron signos indudables de este cambio de actitud. Dos años después, Pujol incluso iría a La Zarzuela para expresar su preocupación por las dificultades que encontraba la Generalitat para desarrollar el Estatuto aprobado casi dos décadas antes. Al año siguiente, Pujol invitó a don Juan Carlos a presidir la conmemoración del Milenario de Cataluña, a pesar de que el gobierno no fue convidado. Hubo pequeñas protestas de grupos independentistas, pero la visita contribuyó a consolidar vínculos de la Generalitat con la corona y a incrementar la popularidad de la monarquía. El único nubarrón en estas relaciones se iba a producir con ocasión de la ceremonia de apertura del Mundial de Atletismo, que se celebró en el remodelado Estadio Olímpico de Montjuic. El rey, que llegó con considerable retraso —no el resto de su familia, que estaba puntualmente en el palco—, fue recibido con protestas en las que no fueron ajenas las juventudes del propio partido de

Pujol, a quienes había invitado a manifestar su sentimiento catalanista durante esa jornada. El presidente de la Generalitat se vio obligado a emitir una declaración al día siguiente condenando los incidentes y reiterando su lealtad a la corona.

Todo ello no fue obstáculo para que, meses más tarde, el príncipe Felipe hiciera su primera visita oficial en 1990, reconociendo en su importante discurso en el Parlament la identidad catalana. Las palabras del heredero agradaron a Pujol, que manifestó que le gustaría encontrar en el gobierno la misma comprensión que encontraba en la corona. «Cataluña es lo que los catalanes quieren que sea», proclamó Felipe de Borbón, que además utilizó la lengua catalana, «que también es mi lengua» durante su intervención en la cámara.

La figura de los reyes se agrandó a los ojos del mundo por su decidida voluntad de consolidar las reformas democráticas. Bajo la presidencia de González, don Juan Carlos y doña Sofía desempeñarían una intensa campaña en el mundo para presentar la imagen de una España moderna, que había conseguido una transición ejemplar y que deseaba ser un actor de la comunidad internacional. De hecho, Europa fue uno de los destinos frecuentes de los reyes, de cara a la entrada en la CEE, que finalmente se materializaría en 1986. Especialmente importantes fueron las visitas de Estado a la RFA (1982), donde el canciller Helmut Schmidt calificó al rey de «enérgico demócrata»; a Francia, donde François Mitterrand puso las bases para una nueva etapa en las relaciones franco-españolas (1985); o al Reino Unido, donde Juan Carlos de Borbón se convirtió en el único monarca europeo que tomó la palabra en el Parlamento británico. También las relaciones con Estados Unidos recobraron impulso: el mismo año del golpe de Estado, los reyes visitaron a Reagan, cuya administración había presenciado con cierta indiferencia la intentona. Reagan viajaría a Madrid en 1985, tras negociarse un nuevo acuerdo bilateral que sustituyó al abordado por Kissinger y Areilza pocos meses después de la muerte de Franco. Igualmente visitó distintos países de América Latina, como

Brasil y Uruguay, y más tarde Argentina y Chile, donde llevó el mensaje de una España democrática que ofrecía su experiencia a países que vivían sus propias transiciones. Por último, los países del norte de África y Oriente fueron asimismo objeto de la atención real. En 1986 visitó Marruecos, con ocasión del vigésimo quinto aniversario de la coronación de Hassan.

En este mismo año de 1986, el príncipe Felipe alcanzó la mayoría de edad, lo que suponía que debía jurar la Constitución. Como era alumno de la Academia General, la Casa del Rey propuso que lo hiciese con uniforme de alférez del Ejército, algo a lo que Gregorio Peces-Barba, presidente del Congreso, se opuso, porque pensó que el heredero debía vestir de civil. Sabino, para no desairar a nadie, pactó una solución intermedia. El príncipe Felipe juraría la Carta Magna vestido de frac. En Moncloa se decidió que el presidente del Gobierno pronunciara un discurso, pero Peces-Barba sostuvo que solo debía haber uno y ese le correspondía a él. Curiosamente, Moncloa se vengó del desaire no invitando a los presidentes del Congreso y del Senado a la entrega al príncipe de la Gran Cruz de Carlos III en el Palacio Real.

En este periodo, el presidente González dio el visto bueno para ampliar el palacio de La Zarzuela, que había quedado pequeña para poder desempeñar las funciones no solo de residencia real, sino de estructura administrativa. En la ampliación llevada a cabo entre 1987 y 1988 se incorporó un ala con 2.600 metros cuadrados en la planta principal y 1.500 en el semisótano. Ello permitió habilitar despachos, salas de reuniones, oficinas, archivos, salitas de visita y salón de audiencias. La parte antigua y la moderna quedaron comunicadas por dos largos túneles trazados por debajo del jardín y la piscina. Además se construyó un refugio antinuclear y un moderno sistema informático y de comunicaciones, que incluía un plató. Una vez más González había sido receptivo a los deseos del rey, que legítimamente quería contar con más espacio para el personal a su servicio. De hecho el palacio de La Zarzuela era un antiguo pabellón de caza, reformado dos décadas antes, cuando la corona estaba a expensas del hecho sucesorio.

La muerte de don Juan, en la primavera de 1993, supuso un duro golpe para el rey, pero también para la reina, que jugó un papel esencial en la reconciliación de don Juan Carlos con su padre. El día de su funeral, al regresar al palacio de La Moncloa, Felipe González se sentó en la mesa de su despacho y redactó de su puño y letra una sentida carta, resultado de la impresión que le había causado el dolor que reflejaban los rostros del rey y de la reina. En la misiva, más allá de expresar sus condolencias, había consideraciones acerca de la hipocresía de personajes que presumían de «juanistas» en la hora de la muerte del conde de Barcelona, pero que en su día contribuyeron a eternizar su exilio. En aquella carta tan poco oficial González daba su opinión acerca de lo que había significado don Juan en la España moderna, de sus anhelos y de sus renuncias, y de la lealtad que había manifestado a la corona y a la figura de don Juan Carlos. El rey quedó impresionado tras la lectura de aquellos folios, donde el protagonismo del factor humano estaba por encima de cualquier cortesía. González, cuando hubo redactado la misiva, se la leyó a un par de personas de su más estrecha confianza para saber si se entendía enteramente el significado de cuanto había querido expresar. El presidente se la entregó personalmente al concluir su siguiente despacho en el Palacio de La Zarzuela. El rey la leyó y, sin mediar palabra, la metió en el bolsillo de su chaqueta. Pero cuando el jefe del Ejecutivo se hubo marchado, decidió leérsela a su familia en voz alta. Don Juan Carlos quedó impresionado por el calor y la amistad que transmitían las palabras del presidente del Gobierno. En su siguiente encuentro, una semana más tarde, le dio las gracias por la sinceridad con que se había expresado y le contó que había hecho partícipe a la reina y a sus hijos del contenido de la carta.

El fallecimiento de don Juan unió especialmente a don Juan Carlos y Sofía. La imagen del monarca tomando del brazo a su esposa en una mañana de marzo de 1993, durante una visita de los reyes a la clínica universitaria de Navarra, fue publicada ampliamente por la prensa española, en unos momentos en que circulaban rumores sobre el distanciamiento de la pareja. De esas habladurías se había hecho eco meses antes la revista francesa *Point de Vue*, que dedicó ocho páginas a la vida privada del rey. También *Oggi* se ocupó de ello. En España, solo *El Mundo* reprodujo aquellas informaciones que atribuían al rey una relación con una dama mallorquina.

La foto de la pareja real a las puertas del recinto hospitalario desprendía tanta ternura como aquella otra del funeral en el monasterio de El Escorial en la que se podía ver a la reina llorar por la pérdida de don Juan, al tiempo que colocaba la mano sobre el hombro de su marido. Pepe Oneto escribió en la revista *Tiempo*, de la que era director: «A partir de ahora, cuando ya ha empezado a reconocerse el papel que en la reciente historia de España ha tenido don Juan de Borbón, hijo y padre de rey, y que nunca llegó a serlo aunque recibiría honras fúnebres en el Palacio Real y en El Escorial como si fuera Juan III, don Juan Carlos se queda solo, profundamente solo. Acompañado, eso sí, por el amor de una esposa todavía enamorada».

Capítulo 15

EL AGRADECIMIENTO DEL REY A LA REINA EN EL BRINDIS DE LA BODA DE LA INFANTA EN SEVILLA

El año 1992 no fue bueno para la familia real y esas turbulencias junto a algunas intrigas acabarían repentinamente con dieciséis años de dedicación de Sabino Fernández Campo al rey. En aquel momento era el jefe de la casa, puesto al que había accedido en enero de 1990, a la edad de setenta y dos años. Don Juan Carlos le ascendió desde el cargo de secretario general como una manera de recompensarle la larga dedicación a la corona, aunque cada vez le molestaba más su obsesiva voluntad de protegerle, pues consideraba que no tenía necesidad de ningún tutor en palacio. Todavía tardaría casi tres años en relevarle, pero era evidente que el rey le daba vueltas a la conveniencia de rodearse de un equipo más joven y no vinculado al Ejército. Incluso había hablado de ello con el ministro de Exteriores Francisco Fernández Ordóñez, quien sugirió los nombres de dos diplomáticos de su entera confianza para ocupar la jefatura y la secretaría general de La Zarzuela: Rafael Spottorno, su jefe de gabinete, e Inocencio Arias, su subsecretario en el palacio de Santa Cruz.

Si bien 1992 debía ser un año triunfal para la monarquía española, pues coincidían en pocos meses de diferencia dos grandes acontecimientos en el país, como era la Exposición Universal de

Sevilla y los Juegos Olímpicos de Barcelona, lo cierto es que se produjo una serie de acontecimientos que complicaron la vida a la corona. El más importante de los cuales fue, sin duda, la irrupción de la figura de Mario Conde en el entorno de palacio. Conde era presidente de Banesto desde 1987 y su ascenso a los ojos de los españoles resultaba imparable, hasta el punto que pensó en dar el salto a la política, tras conseguir el control directo o indirecto de una serie de medios de comunicación. El banquero se acercó al monarca mediante su repentina afición a la vela, y no tuvo ningún reparo en competir con don Juan Carlos en las regatas de la Copa del Rey de Palma de Mallorca. Inicialmente, el jefe del Estado no sintió especial simpatía por aquel millonario sobrevenido, que incluso se le adelantó a la compra de un mástil cuando a ambos se les partió el suyo durante las regatas palmesanas. Poca confianza debía de despertarle el presidente de Banesto, cuando el monarca le devolvió un valioso reloj de coleccionista adquirido en una subasta en Londres que le hizo llegar a su despacho para ganarse su amistad. Finalmente, ante el hecho de que las celebraciones al otro lado del Atlántico del Quinto Centenario del Descubrimiento de América no conseguían la financiación inicialmente prevista, Conde se mostró dispuesto a aportar fondos para sufragar algunos actos importantes que estaban en el aire. Igualmente financió actividades de la Expo y de los Juegos, para aparecer a los ojos del país como el gran mecenas español. Esa voluntad de ayudar al Estado no pasó desapercibida al rey, como tampoco que supiera acercarse a don Juan, a quien prestó especial atención en los últimos meses de su vida, invitándole a menudo a navegar en su barco. Cuando el padre del rey enfermó, fue varias veces a visitarlo. El conde de Barcelona hablaba maravillas del banquero a su hijo cada vez que coincidían. Una última cuestión fue importante para acabar de vencer las reticencias reales: Mario Conde, tras la aparición de informaciones relativas a la vida privada del monarca, se ofreció para frenar estos rumores en la prensa italiana, y también en *El Mundo*, que los reprodujo en España.

Conde tenía a Sabino como principal enemigo. El jefe de la casa era el hombre que ponía problemas a que tuviera la entrada franca en palacio. La postura del jefe de la casa tenía todo el sentido del mundo, pues no quería que la presencia de Conde comprometiera al rey. Sabía que buscaba influir en él para ambiciones políticas. No iba desencaminado: el banquero intervino indirectamente en su cese, pero sobre todo sugirió el nombre de su sucesor, Fernando Almansa, un diplomático discreto, amigo de Conde desde la infancia. Conde, en *Los días de gloria*, lo cuenta así: «Le hablé al rey de Fernando Almansa. Cuando pronuncié su nombre el monarca no tenía la menor idea de a quién me refería, ni siquiera era capaz de relacionarlo con el mundo de la diplomacia. Le relaté al rey mi conocimiento de Fernando Almansa desde nuestra época de la universidad y que en mi opinión reunía las condiciones adecuadas para este puesto, además de que, al ser amigo mío, mi relación con el rey se facilitaba mucho». En honor a la verdad, Almansa en La Zarzuela fue un funcionario leal a la corona más que a ninguna otra persona o institución. El padre de Almansa, marqués de Cadino, vizconde del Castillo de Almansa y barón de Toga, había pertenecido al consejo privado del conde de Barcelona y el diplomático sabía de la importancia de preservar a la institución de influencias. Meses más tarde, la expropiación del Banesto y el procesamiento del banquero le evitarían problemas de conciencia, así que pudo estar durante una década en Zarzuela sirviendo eficazmente a la corona. Sin embargo, la distancia que Almansa tomó cuando la crisis de Banesto y el procesamiento de Conde se refleja en esas palabras de financiero en su libro: «Tal vez esperé de Almansa un comportamiento bastante diferente; es posible que no pudiera hacer otra cosa, no lo sé».

Un segundo incidente preocupante de aquel año se produjo a mediados de junio, cuando el presidente González aseguró que no había nombrado un ministro de Exteriores por no haber podido discutir este asunto con el jefe del Estado, que se hallaba fuera de España. Fernández Ordóñez se encontraba muy enfermo a causa de un cáncer que acabaría con su vida dos meses más tarde y urgía el nombramiento de Javier Solana como su sucesor. La información causó general sorpresa, porque nadie parecía saber dónde se encontraba el rey, aunque la prensa descubrió su presencia en Suiza, en Saint Moritz, donde estuvo más de una semana. Don Juan Carlos volvió de inmediato para despachar con el presidente, pero en su ausencia su padre celebró el setenta y nueve aniversario sin que estuviera presente. La fiesta de cumpleaños reunió a toda la familia real, menos al rey y al príncipe, en su casa de la urbanización madrileña de Puerta de Hierro. En el caso del príncipe se argumentó que estaba entrenando en Alemania con el equipo olímpico de vela, aunque en su ausencia podría haber influido el disgusto por la ruptura con la joven Isabel Sartorius, relación que nunca había sido bien vista en La Zarzuela.

Nunca se explicaron los motivos de este viaje a Suiza, que volvieron a disparar toda suerte de rumores sobre su vida privada. Sabino habló en la radio para *Protagonistas*: «Bueno, lo que yo creo y se me ha dicho es que está descansando, un pequeño descanso, descanso en montaña que le viene muy bien. No es ninguna cosa médica, pero es una cosa complementaria para la salud, ante un año que se presenta con muchas actividades». Algunos diarios de Madrid aprovecharon la circunstancia para criticar a la corona. Por su parte, *El Mundo* advirtió que según el BOE, «el rey firmó una ley en Madrid un día que estaba en Suiza; o el lugar es falso, o la fecha es falsa o la firma es falsa». El escritor Manuel Vicent retrató la situación en su columna de *El País* con una de sus metáforas: «Toda la carne política ya estaba picada y solo quedaba por picar la del rey». Días después, fue suspendida la fiesta del Campo del Moro, con motivo de la onomástica de don Juan Carlos, que se había convertido en un acto multitudinario. El monarca dispuso que solo el gobierno y unas pocas autoridades vinieran a felicitarle, y la celebración se limitó a una misa y a un almuerzo en la intimidad. La foto de la familia junta (solo faltó el príncipe, que, curiosamente, seguía entrenando) era una manera de cortar especulaciones y transmitir una imagen de unidad. Poco después, los reyes visitaban el recinto de la Expo'92, desbordando cordialidad y simpatía.

Sabino mostró su cara más seria aquel verano en que la corona copaba informaciones que poco tenían que ver con las audiencias, los despachos o las visitas de Estado. De hecho, había chocado con la opinión del rey por la entrevista de la periodista británica Selina Scott y el libro biográfico del escritor José Luis de Vilallonga, pues no era partidario de ninguna de las dos iniciativas reales. En verano de 1992, la reportera de la televisión inglesa entrevistó a la familia real española a instancias de Constantino de Grecia, que fue su padrino para acceder a Zarzuela. Al jefe de la casa le pareció que el contenido del reportaje ofrecía una imagen frívola de la corona y que el trato campechano que daba Scott a su entrevistado era poco adecuado para un rey. En cuanto, a la oportunidad de publicar una biografía del rey, tanto Miguel de Grecia como Baltasar Porcel habían hecho intentos, que finalmente se frustraron porque no convencían los resultados de las primeras conversaciones plasmadas en papel. José Luis de Vilallonga lo consiguió, habiendo intervenido en su favor Marta Gayá, una vieja amistad del rey, cuyo nombre divulgó por primera vez *Point de Vue*. El escritor consiguió setenta horas de grabaciones con don Juan Carlos, aprovechando la convalecencia del rey a causa de un accidente de esquí que sufrió aquellas Navidades. De nuevo, Sabino le insistió al monarca que las manifestaciones de un monarca eran sus discursos, mientras que una biografía con declaraciones textuales y opiniones sinceras resultaba un riesgo innecesario, de tal modo que desaconsejó sin éxito la publicación.

En cualquier caso, si poco antes algunos amigos del rey habían utilizado su nombre en beneficio propio según divulgaron algunas publicaciones, el documental de Selina y el libro de Vilallonga generaron igualmente controversia en la prensa. El reportaje pareció, a ojos de algunos, demasiado frívolo, pues en determinados momentos la periodista parecía coquetear con el monarca. En cuanto al libro, hubo quien manifestó que el hecho de que su autor fuera un *playboy* como Vilallonga parecía igualmente una concesión a un mundo más propio del espectáculo que del rigor histórico. En cualquier caso, ni el documental ni la biografía dañaron la imagen de don Juan Carlos, más bien contribuyeron a aumentar su popularidad entre la población. Sin embargo, pusieron de manifiesto que la figura del rey, que hasta entonces había sido protegida por los medios de comunicación sin que existiera ningún pacto editorial explícito, perdió a partir de entonces este amparo que obsesivamente se había encargado de mantener Sabino durante el tiempo que sirvió en La Zarzuela. Su cese se produjo el 30 de diciembre de 1992, el día de su santo, durante un almuerzo en el restaurante Horcher organizado para festejar su onomástica. Allí, entre plato y plato, de repente don Juan Carlos comentó a la reina: «¿Sabes que Sabino nos deja?». El rey no había hablado ante el jefe de la casa de su relevo, aunque él sabía desde hacía una semana que la decisión estaba tomada y que incluso se había reunido con el que iba a ser su sustituto. A la llegada a palacio, la reina le pidió explicaciones al rey, pues no entendía el cambio repentino, cuando Sabino era una persona que se desvivía por la institución. Doña Sofía sabía de la lealtad de Sabino, con quien mantenía una magnífica relación personal, pero Juan Carlos entendió que su tiempo había pasado y que no necesitaba un empleado que le riñera todo el tiempo. Además, al parecer, en la casa habían tenido conocimiento de algunos comentarios acerca de cuestiones personales que el rey consideró que no podían consentirse y que habrían llegado a oídos del soberano. O se las habrían hecho llegar.

El libro de Vilallonga, titulado *El rey*, apareció en marzo de 1993 y fue un verdadero *best seller*. A don Juan Carlos le satisfizo el resultado final, aunque hubo que suprimir algunos párrafos en el último momento. Tanto le gustó el trabajo de Vilallonga, que regaló la biografía con su dedicatoria a numerosos dirigentes extranjeros. En él había un elogio a la reina, que no gustó nada a doña Sofía. Se trataba de la referencia que hacía de ella en la obra como «una gran profesional» y sobre la que, después de buscar las palabras, añadía: «Lleva la realeza en la sangre». A instancias del autor todavía manifestó: «Una gran profesional significa que se toma su oficio muy en serio y Dios sabe que no es un oficio descansado». En un intento de dar contenido a toda su intervención acerca de la reina se centró en su papel durante el 23-F: «Aquella noche —decía el rey— doña Sofía fue el alma de La Zarzuela. Su calma y serenidad causaron admiración. Se ocupó de todo y de todos. Permaneció a mi lado sin quitarme los ojos de encima y animándome con un gesto cuando hablaba al teléfono con los capitanes generales. Siempre hago mucho caso de las intuiciones de la reina, porque además de ser intuitiva es una mujer que reflexiona».

En el libro *La reina* de Pilar Urbano, la autora mostraba el disgusto de doña Sofía ante la definición que había hecho de ella don Juan Carlos tres años antes. E incluso le preguntaba al rey en un encuentro en palacio: «¿Sabe que la reina me ha dicho que ella es cualquier cosa menos una profesional?». El rey respondió que él seguía pensando que era una gran profesional, porque él, la reina, el príncipe están obligados a serlo, que deben ganarse el sueldo cada día, que en su condición va que no se puedan mirar horarios, ni atender a cansancios, ni estar pendientes de apetencias... La reina en el libro habla de su matrimonio y resulta igualmente explícita: «El mío, el nuestro, ha evolucionado hacia una amistad, una fuerte amistad. Yo soy... su compañera. Somos compañeros de viaje. En este viaje vamos juntos. Y eso no se acaba. Siempre hay amor».

En cualquier caso, uno de los momentos más entrañables de esta relación, lo presenciaron los comensales invitados al banquete de la boda de la infanta Elena en el Real Alcázar de Sevilla, en la primavera de 1995, cuando a la hora del brindis el rey improvisó un discurso en el que agradeció públicamente a la reina sus desvelos en la educación de su hija mayor. Fueron unas palabras sentidas que emocionaron a doña Sofía, que pensó que tantos esfuerzos, tantos sacrificios y unas cuantas soledades habían valido la pena.

La boda constituyó un tranquilizante para la sociedad española, que veía cómo la política se había enrarecido, tras la inesperada victoria del PSOE sobre el PP en 1993. Los escándalos económicos tuvieron extraordinaria relevancia en los meses siguientes, con una oposición muy agresiva, que tenía sus mejores altavoces en los medios de comunicación afines, que no repararon en adjetivos para referirse al gobierno. En la primavera de 1994, poco después de haber estallado el caso Banesto, se generalizaron las denuncias de corrupción. En poco tiempo tres representantes de instituciones del Estado fueron denunciados por delitos económicos: el gobernador del Banco de España, Mariano Rubio, ingresó en prisión; la directora del BOE, Carmen Salanueva, resultó encausada, y Luis Roldán, el exdirector general de la Guardia Civil, se fugó del país. La investigación por la defraudación de miles de millones de las antiguas pesetas en Banesto bajo la presidencia de Mario Conde condujo al banquero a la cárcel tras ser procesado por estafa. No escapó de esa vorágine el financiero Javier de la Rosa, que presuntamente planeó un chantaje a Manuel Prado y Colón de Carvajal por la malversación de los fondos de KIO, que incluía amenazas más o menos veladas contra el rey. Desde algunas tribunas se pedía, de acuerdo con su función arbitral, que la corona pusiera orden en España, algo que iba más allá de sus atribuciones constitucionales, aunque el rey mostró su preocupación por el momento en que se vivía en uno de sus discursos, para sorpresa del ejecutivo socialista.

En agosto de 1994, José Luis de Vilallonga escribió en *La Vanguardia* un artículo, del que tuvo conocimiento el monarca en Mariven antes de su publicación, en el que se decía, entre otras cosas, que «ahora mis dos informadores me revelan la existencia de una confabulación que pretende desestabilizar al gobierno, provocar la abdicación del rey y proclamar una república (...). En la conspiración habría unos medios de comunicación, un exbanquero y algún empresario republicano, cuyo plan sería atacar sin tregua al gobierno de Felipe González, hacer una campaña a favor de Aznar y elaborar un falso *dossier* contra el rey que le obligara a dimitir en su hijo». Es evidente que había mucho de fabulación en el artículo a causa de rumores que le había hecho llegar al marqués de Castellbell un alto dirigente socialista, aunque no era menos cierto que había conspiradores en la política y en las finanzas dispuestos a complicar la existencia a la corona. Una prueba de ello fueron las escuchas del CESID al monarca, que fueron filtradas presuntamente por el coronel de los servicios secretos don Juan Alberto Perote, en cuya difusión podría haber intervenido el propio Mario Conde.

El verano de 1995 ETA no cejaba en su empeño de desestabilizar el país, pero aquella vez iban a intentar apuntar a lo más alto del Estado. En un piso del número 14 de la calle Rafaletas, justo enfrente de Porto Pi, donde atracaba el yate *Fortuna* que utilizaba la familia real, un comando se preparaba para atentar contra el rey. El apartamento con vistas se había alquilado en abril, pero hasta el 17 de julio los terroristas no llegaron a Alcudia, después de una travesía marítima desde Cannes, en Francia. Tres días después, cuando la familia real llegó a Palma para alojarse en el palacio de Marivent, los etarras estaban instalados en el inmueble. El jefe del comando era Juan José Rego Vidal, que había recibido el encargo de Iñaki de Rentería de matar al rey, y en caso de que no fuera posible, al príncipe. Las dificultades de la huida del comando retrasaron el atentado al día 13 de agosto, domingo. Sin embargo, el día 8, poco antes de medianoche, un comando de los Geos voló la puerta del apartamento y redujo a Iñaki Rego, hijo del jefe del comando, que fue reclutado por su propio padre para el intento de magnicidio, y a Jorge García Sertucha. A Juan José Rego lo detuvo la policía mientras cenaba en un restaurante de Alcudia, casi a la misma hora. Al día siguiente de los hechos, la familia real almorzó en una terraza de un restaurante de Puerto Portals para ofrecer una imagen de normalidad tras la operación policial. Era una manera de significar la confianza en las Fuerzas de Seguridad del Estado, y al mismo tiempo de dejar claro que ni siquiera la amenaza del terrorismo iba a condicionar la agenda de la corona. Además, mostrar a la familia unida, como propusieron don Juan Carlos y doña Sofía, resultaba una forma de enviar un mensaje al país de que todos juntos podríamos hacer frente a las adversidades y de que ni siquiera el chantaje del terror iba a hacer mella en el ánimo de los españoles.

La victoria del PP, con el liderazgo de Aznar, pero también el pacto político con los nacionalistas catalanes para obtener mayoría suficiente en la cámara, iba a calmar el ambiente enrarecido que se respiraba en el país. La economía crecería con la derecha, mejoraría la imagen de España en el exterior, la política proamericana permitiría unas relaciones privilegiadas entre Aznar y Bush, y España ganaría visibilidad en el mundo, pugnando incluso por figurar en el poderoso club de G-7. Aunque las relaciones entre Aznar y don Juan Carlos fueron cuanto menos complejas, el prestigio internacional del rey contribuyó a potenciar ese momento dulce que vivió el país.

En 1998, los reyes de España hicieron el viaje oficial que tenían pendiente a Grecia. Después de 31 años, doña Sofía pudo volver a pasear por Atenas, pues en 1981 estuvo apenas unas horas en Tatoi para el entierro de su madre. Al poco de llegar quiso recorrer los alrededores de la plaza Sintagma, donde se levanta el hotel Gran Bretaña, en el que se alojaba la comitiva real. La reina pudo volver a tomar café en Zonar's, donde pasaba las tardes cuando era adolescente, o perderse por Plaka, para admirar sus animadas tiendas. El gobierno griego dio todas las facilidades para la visita de Estado, vencidas las reticencias de antaño. El retorno de doña Sofía a Atenas estuvo trufada de momentos emocionantes, como el retorno a su casa de Tatoi, la visita a la catedral metropolitana de Santa María, donde se casó, o el reencuentro con Mitera, donde estudió puericultura. Al concluir el viaje en Salónica, el rey, que estuvo sumamente atento con su esposa durante todo el viaje, manifestó: «Este no era un viaje especial, sino especial para la reina. Yo he estado empujando, ayudando, dejándole el protagonismo, lo que creo que se entiende. Sé que no era fácil para la reina el regreso después de tantos años, pero la he visto muy feliz». Un bello gesto que puso de manifiesto la inteligencia emocional del monarca.

Capítulo 16

EL PRÍNCIPE IMPONE SU CRITERIO EN SU BODA CON LETIZIA

La infanta Cristina se casó en Barcelona en octubre de 1997. Ella había sido la primera mujer de la monarquía española en obtener una licenciatura universitaria. Estudió Ciencias Políticas en la Universidad Complutense de Madrid y, poco después de los Juegos Olímpicos de 1992, decidió instalarse a seiscientos cincuenta kilómetros del palacio de La Zarzuela. Su contrato con el departamento de Artes Plásticas de La Caixa, su afición a la vela y la amistad con un grupo de jóvenes catalanes permitió un traslado que no era ninguna estrategia política para acercar Cataluña a la corona, pero que, sin duda, contribuyó a mejorar la imagen de la institución en un territorio con un fuerte sentimiento nacionalista. El propio presidente Jordi Pujol había alabado en alguna ocasión este gesto y el interés de la infanta por conocer la lengua y la cultura catalana. Cristina de Borbón matrimonió con un apuesto vasco criado en Cataluña, que era uno de los pilares del equipo de balonmano del FC Barcelona, así que su boda en la catedral y su almuerzo en el palacio de Pedralbes fue recibida muy positivamente por la sociedad catalana. Más que nunca era «la nostra», expresión cariñosa con la que la burguesía barcelonesa hablaba de la infanta.

Por su parte, el príncipe Felipe había vuelto a Madrid después de estudiar un posgrado de Relaciones Internacionales en la Georgestown University de Washington, y Fernando Almansa y Rafael Spottorno intentaban formatear un programa para el heredero, que pasaba por darlo a conocer dentro y fuera del país, al tiempo que le asignaban determinadas funciones de representación. La prensa del corazón siguió los pasos del príncipe, que en algunos momentos se sintió agobiado por el marcaje al que fue sometido. Incluso en una ocasión fue sorprendido en una playa solitaria del Caribe con una joven llamada Gigi Howard, estudiante de Psicología y modelo de Coppertone. Sin embargo, fue su relación con la modelo y estudiante de Publicidad noruega Eva Sannum, de padres divorciados, la que provocó más polémica. Los atentados contra las Torres Gemelas de Nueva York, el 11 de septiembre de 2001, frustraron el anuncio del enlace, después de que Sannum hubiera sido fotografiada con Felipe de Borbón en la boda del príncipe Haakon Magnus con Mette-Marit, a donde acudió acompañando a su madre la reina Sofía. Los ciudadanos les habían visto antes en las portadas de la revista *Hola*, a la que algunos llaman el Boletín Oficial de la monarquía, durante unas vacaciones en la India o en Saint Moritz. Sin embargo, en diciembre de 2001 Felipe de Borbón irrumpió en un encuentro de la prensa que cubre la información real con el jefe de la Casa del Rey para felicitar las Navidades. El heredero quiso anunciar personalmente el fin de su relación con Eva Sannum, tras hacer un elogio emocionado de sus valores como persona, en un intento de defenderla de los ataques formulados por algunos columnistas, en los que se la descalificaba como candidata por cuestiones tan irrelevantes como haber desfilado en una ocasión en ropa interior para unos grandes almacenes. Es evidente que la ruptura tuvo costes en Zarzuela, entre otros para el propio Almansa, quien había intentado convencer al príncipe de la inoportunidad de aquella relación a instancias del propio rey. Meses más tarde, el jefe de la casa cesaría en su puesto, siendo relevado por un experto diplomático de la generación del monarca, como

Alberto Aza, que fue «fontanero» de La Moncloa al lado de Adolfo Suárez.

En noviembre de 2003 no hubo negociación: Felipe de Borbón estaba enamorado esta vez de Letizia Ortiz Rocasolano, una periodista asturiana de treinta y un años, divorciada y presentadora del Telediario en TVE. Ella había informado como reportera de los atentados a las Torres Gemelas, de la catástrofe del *Prestige* o de la guerra de Iraq. Había sido el periodismo lo que la había llevado hasta el príncipe, pues su primer encuentro se produjo en la casa de Claudio Coello de Pedro Erquicia, quien preparó una cena fría con algunas gentes de la profesión, dentro de los contactos habituales de Felipe de Borbón para estar al corriente de lo que ocurre en el país. Era una de las dos mujeres de la velada y el príncipe se fijó en ella; semanas más tarde la llamaría para cenar.

El príncipe Felipe había declarado a un grupo de periodistas en la embajada de España en Estados Unidos, horas antes del final de curso en Georgestown, que se casaría por amor, sin atenerse a ningún catálogo de princesas. Felipe de Borbón, según un antiguo colaborador de Zarzuela, era «poco Borbón» en los asuntos amorosos, y siempre había pensado en casarse enamorado para que su equilibrio personal diera el sentido del equilibrio institucional que exige la Jefatura del Estado. Cuando presentó a Letizia a los reyes, se mostraron encantados con la personalidad de la joven, aunque don Juan Carlos manifestó reticencias por el hecho de que fueran una pareja muy desigual. Pilar Urbano señala que en ella se daban «demasiados elementos extraños a la realeza: plebeya, periodista, divorciada, padres divorciados, madre sindicalista de Comisiones Obreras...». El príncipe no dejó esta vez margen para la duda: estaba enamorado y convencido de que reunía las condiciones para ser un día una buena reina de España. Doña Sofía acabó por convencer a su esposo de que Letizia podía ser la compañera ideal del príncipe y que el haber crecido en el mundo real, lejos de ser un inconveniente, podía ser una ayuda imprescindible para cuando

Felipe de Borbón accediera al trono. Antes le había dicho a la reina, según explica Urbano en *La reina muy de cerca*: «Mamá, estoy enamorado, muy enamorado de Letizia. Me gusta mucho. Me encanta. La quiero y… pienso casarme con ella». Y la reina respondió: «¿Te das cuenta de que si te casas es para siempre?». El príncipe contestó: «¡Es que eso es justamente lo que quiero: vivir con ella siempre, hasta la muerte!». Todavía añadió: «La he encontrado, es la mujer de mi vida. Y lo hará bien».

En cualquier caso, Letizia, que no ha cometido un solo error desde que alcanzara su condición de princesa tras casarse en la catedral de La Almudena, ha tenido que soportar críticas. Jaime Peñafiel le escribió una carta abierta ante el anuncio de boda en la que decía que «una reina no puede tener pasado porque este pasado siempre está presente» y donde sostenía que «el príncipe sabe que no puede ser libre para elegir a su futura mujer porque esta será reina de España», aconsejándole que se mirara en el espejo de su madre. Sin embargo, había también quien veía a Letizia como aire fresco para una institución secular, como la escritora Elvira Lindo, que escribió: «Letizia tiene un pasado. Un pasado que ahora empieza a diseccionarse de manera ridícula y amenazante, como si en cualquier momento uno de estos programas de charlatanería pudiera sacarse un as inesperado de la manga… Pero los que conocen a la pareja están seguros de que el príncipe no tiene nada que perder. De hecho, si hay algo nuevo que hemos empezado a ver en la figura algo tiesa del joven que nunca ha podido serlo del todo, es cierta relajación, un talante cariñoso, capacidad de bromear… Ella tampoco eligió su origen, pero ha podido vivir libremente. Y para una vida como la del príncipe, llena, como decía Gómez de la Serna, de gentes que "me gastan la vida y no me la ensanchan", Letizia puede ser su ventana al mundo».

En cualquier caso ella fue a vivir, aún soltera, a La Zarzuela, para protegerse de las gentes de su profesión, pero también para lo que la reina llama «hacerse con el ambiente». No fue ningún máster, aunque habló mucho con la reina. Ella sabía qué tipo de vida le esperaba y qué renuncias debía hacer. Doña Sofía declaró años más tarde a Urbano que Letizia ha cambiado el carácter del heredero, pues le ha abierto más, le ha hecho más comunicativo, más participativo con la gente. Por decirlo de otra manera, le ha vuelto más cercano y más asequible. La reina manifestó que la relación entre ambos le recordaba a sus padres: «El rey Pablo se mostraba más relajado, más contento y más abierto a la gente cuando tenía a mi madre al lado. Y veo en Felipe y Letizia la misma complicidad de pareja que veía en mis padres cuando se miraban o cuchicheaban entre ellos algo que los demás no llegábamos a oír. En estos es lo mismo: se miran, se sonríen, se cogen de la mano como si nadie les viera… y están rodeados de cámaras y de jirafas con micrófonos».

Al año siguiente de su boda, nació una niña a la que pusieron Leonor, que pasó a ser la primogénita del heredero y segunda en la línea sucesoria de la corona española. Dos años después nacería su segunda hija, que fue bautizada como Sofía.

Dos meses antes de su boda en Madrid, el 11 de marzo de 2004, la capital de España fue escenario de uno de los atentados más brutales de la historia y el mayor cometido en Europa: un grupo de terroristas yihadistas hizo estallar diez bombas en cuatro trenes de cercanías, causando la muerte a 191 personas e hiriendo a más de 1.800. Precisamente en la catedral de La Almudena, el mismo escenario elegido para la boda de los príncipes, se celebró el funeral por las víctimas, lo que permitió ver a la familia real unida consolando a los familiares. Allí estaba también Letizia, al lado de Felipe, en lo que constituyó una prueba de su entereza y de su entidad. La reina, que lloró durante la ceremonia, y el rey, igualmente emocionado, rindieron el homenaje de todo un país a aquellas víctimas inocentes de la terrible matanza. El mismo día del atentado, la reina se desplazó con los príncipes a tres hospitales, el Gregorio Marañón, el 12 de Octubre y el Clínico, para consolar a los heridos. Las infantas Cristina y Elena con sus esposos se personaron en La Paz, Gómez Ulla y Princesa, con la misma finalidad. Don Juan Carlos preparó un comunicado, que leyó ante las cámaras de TVE y que fue distribuido al resto de televisiones, donde decía que estaba al lado de los que sufrían las consecuencias de una locura macabra, añadía que se sentía orgulloso al ver la entrega solidaria y el esfuerzo de los servicios públicos y de los ciudadanos de Madrid, subrayaba que el desaliento no estaba hecho para los españoles y concluía pidiendo unidad, firmeza y serenidad en la lucha contra el terrorismo. Su parlamento acababa con estas palabras: «Que no haya duda: el terrorismo nunca conseguirá sus objetivos. No conseguirá doblegar nuestra fe en la democracia, ni nuestra confianza en el futuro de España».

La mala gestión de aquel atentado por parte del gobierno, que lo atribuyó a ETA, manteniendo la autoría cuando tenía datos de que se trataba de la acción de yihadistas, impidió al PP ganar las elecciones, previstas para el siguiente domingo. Un joven abogado de León había logrado imponerse en el congreso del PSOE a un líder más bregado, como el presidente de Castilla-La Mancha, José Bono, tras la derrota socialista en las elecciones del año 2000, donde Aznar consiguió la mayoría absoluta. En contra de lo que apuntaban las encuestas, Zapatero ganó a Rajoy y la primera medida que anunció fue la retirada de las tropas de Iraq, algo que fue recibido como una afrenta por el presidente George Bush. En realidad se trataba de una segunda desconsideración, pues el 12 de octubre de 2003, durante el paso de la bandera de los Estados Unidos en el desfile de la Hispanidad por el paseo de la Castellana de Madrid, el líder socialista permaneció sentado, lo que fue interpretado como un insulto al pueblo norteamericano por más que declarara que solo había querido mostrar su rechazo a la guerra de Iraq. Las relaciones entre los gobiernos de Bush y Zapatero iban a enfriarse hasta el punto de que el primero llegara poco menos que a ignorarle en cumbres internacionales, siendo la corona quien actuó sustitutoriamente en varias ocasiones, ante las malas relaciones entre ambos dirigentes.

Algo parecido había ocurrido en la segunda legislatura de Aznar, tras la ocupación por parte de un grupo de gendarmes marroquíes de un islote deshabitado llamado Perejil en julio de 2002, cuya soberanía española discutía Marruecos. Unos días después Aznar envió tropas españolas a apresar a los ocupantes y a reafirmar la españolidad de aquella posesión. La mediación estadounidense evitó males mayores. Sin embargo, las relaciones con el rey alauí se resintieron y también en este caso el rey Juan Carlos utilizó su influencia con Mohamed VI para superar la crisis.

La relación del rey con Aznar la definió la reina a Pilar Urbano: «Con Aznar hubo una relación fluida. ¿Faltas de empatía...? Aznar no fue antipático con nosotros. Tal vez algo en su aspecto, su expresión tan seria, no le ayuda, pero su trato era muy correcto». Sin embargo, a pesar de la capacidad de don Juan Carlos para llevarse bien con los presidentes, es evidente que con Aznar hubo mayor frialdad. De hecho, antes de su llegada al poder se había quejado del poco contacto que tenía con el monarca, y en una ocasión incluso manifestó en su despacho ante un reducido grupo de periodistas que seguían los viajes del rey, que como jefe de la oposición no mantenía una relación fluida con Zarzuela, aunque lo atribuía a González y a su equipo de la casa. La relación que existió con Aznar atravesó algunos momentos nada fáciles, el más complejo de los cuales fue sin duda la discrepancia sobre el papel de España en la guerra de Iraq, por más que quedara en el ámbito privado. Pero es evidente que el rosario de episodios aparentemente menores en los que Aznar le marcaba territorio al jefe del Estado ponen en evidencia escasa química. Episodios que van desde la llegada a la Cumbre Iberoamericana de Panamá después de que hubiera llegado el rey, a algunos desplantes protocolarios en el viaje oficial a Cuba, donde el presidente se sacó la americana en el paseo por la ciudad antigua junto al monarca, obligando a sus colaboradores a hacer lo propio, mientras don Juan Carlos permanecía con el traje puesto, a pesar del calor.

En cualquier caso, el rey le echó más de un capote a Aznar durante sus dos mandatos, como cuando Bill y Hillary Clinton fueron a Mallorca poco antes del verano de 1997. Los altos funcionarios de la Casa Blanca eran contrarios a que se embarcara también en el *Fortuna* el matrimonio Aznar, pues entendían que era el encuentro de dos jefes de Estado con sus esposas. Pero don Juan Carlos impuso su criterio, e incluso se ofreció de traductor, pues por aquellos días Aznar se manejaba más bien poco con el inglés. Finalmente, los tres pudieron compartir sus opiniones, así como los magníficos habanos de Fidel Castro, que Clinton tenía prohibido fumar en su país.

Una de las defensas más activas de Aznar a cargo del monarca ocurrió en Santiago de Chile, en noviembre de 2007, durante la Cumbre Iberoamericana, cuando este ya no era el presidente del Gobierno. Ocurrió entonces que, cuando Zapatero defendía a Aznar de los insultos y desconsideraciones del presidente venezolano Hugo Chávez —«no seré yo quien esté cerca de las ideas del señor Aznar, pero fue elegido por los españoles y exijo este respeto»—, fue interrumpido una y otra vez por Chávez sin que la presidenta de turno, la chilena Michelle Bachelet, le reprendiera. En un momento dado, el rey, señalando al venezolano con el dedo, le soltó: «¿Por qué no te callas?», una interrogación que desconcertó al líder bolivariano, que no supo qué responder. Tras meses de destemplanzas por parte de Chávez, a quien le duró el enfado más allá de lo comprensible, este pidió audiencia, lo que el monarca resolvió invitándole a Palma para recibirle sin protocolos en Marivent, en lugar de hacerlo en Zarzuela. Fue un encuentro distendido, del que ambos salieron con una sonrisa en los labios y el venezolano afirmando que suministrarían un importante petróleo «a precio de amigos».

De Zapatero, la reina aseguraba que era un presidente joven, muy volcado en su tarea, nada superficial ni engreído. «Tanto él como Sonsoles, su mujer, tienen un saber estar muy agradable. Es una pareja muy familiar: desayunan, comen, cenan en casa juntos siempre que pueden, y procuran poder. Y a la vez son gente de hoy: ella no es la típica "mujer de"; es cantante profesional, no una aficionada, y asiste a sus ensayos, sus conciertos, sus óperas». Lo cierto es que Zapatero siempre estuvo exquisito con el rey, aunque durante su mandato la actividad exterior del rey no fue especialmente intensa, sobre todo en la segunda legislatura del presidente socialista. En la primera, el rey actuó como valedor del país ante George Bush, que siempre vio en el presidente español a alguien poco de fiar. Sin embargo, la negación de la crisis y su mala gestión de la misma llegaron a preocupar seriamente al monarca, que hasta se ofreció para conseguir inversiones, e incluso puso las bases para lograr apoyo financiero de algunos países árabes en unos momentos en que Zapatero parecía desbordado por los acontecimientos. El ejemplo más claro fueron sus gestiones ante el rey Abdulá de Arabia Saudí, que resultaron determinantes para la concesión del AVE de la Medina a La Meca a un consorcio de empresas españolas.

La declaración improvisada por el rey en Alcalá de Henares ante una periodista de *El Mundo* en la jornada de entrega del Premio Cervantes en abril de 2008, según la cual «el presidente era un hombre muy honesto y muy recto, que no divagaba a pesar de que pudiera parecerlo, que sabía en qué dirección iba y que era un hombre de profundas convicciones y muy íntegro», no ofrecía dudas de su estima y consideración. Sin embargo, sus indefiniciones de los dos años siguientes, hasta que la Unión Europea le marcó la hoja de ruta, hicieron cambiar en parte al jefe del Estado esta opinión tan favorable, porque en definitiva los grandes hombres salen a relucir en los momentos más complicados. Cuando el viento sopla a favor, resulta fácil llevar el barco.

El 13 de noviembre de 2007 la Casa Real anunció «el cese temporal de la convivencia matrimonial» entre Jaime de Marichalar y Elena de Borbón. Aunque se afirmó en un primer momento que ello no significaba una separación definitiva y que, mientras durara ese paréntesis conyugal, el duque de Lugo podía seguir usando su condición de consorte de la infanta, era evidente que era la constatación de una separación anunciada. Sin embargo, dos años después, la pareja, «de mutuo y común acuerdo», firmó un convenio de divorcio ante un juez de familia de Madrid. Es indudable que la relación se vio directamente afectada por la isquemia cerebral que sufrió Marichalar en diciembre de 2001, mientras estaba en el gimnasio pedaleando en una bicicleta estática. El infarto en el cerebro le dejó secuelas, sobre todo porque en el primer año que es crucial para la recuperación no dedicó el tiempo necesario a rehabilitarse, posiblemente a causa de su decaimiento por los problemas de movilidad. El duque de Lugo buscó refugio en círculo de amigos entre los que había personajes mundanos y el resultado fue un alejamiento progresivo de su esposa. «Jaime es muy de él. Es un hombre muy singular, muy diferente, pero a mí me gusta», dijo meses después la reina. Es indudable que aquel personaje presumido, vestido siempre a la última moda, al que le gustaba el mundo del lujo hasta el punto de hacerse amigo de Bernard Arnault, presidente del imperio del lujo LVMH, que lo hizo consejero asesor de su grupo, no encajaba con aquel otro herido por el ictus. Eso complicó la relación de la pareja, no siempre fácil por la personalidad de la infanta. La reina lo pasó especialmente mal ante esta separación. Intentó ayudar pero no lo consiguió: «A veces, ni ellos mismos se dan cuenta de que están encendidas las luces rojas de alarma. Y cuando lo dicen aquello está… que no hay por dónde cogerlo».

Capítulo 17

MEDIO SIGLO DESPUÉS: DOS PERSONALIDADES Y UN DESTINO

Si el rey ha sido un personaje tremendamente popular, con una capacidad de servicio indiscutible, la reina ha resultado una persona intachable, sin un solo borrón en su carrera. Más allá de cualquier desencuentro, han formado un tándem ganador, que ha facilitado la etapa más larga de democracia en España. Contemplada por el retrovisor del presente, la labor llevada desde que contrajeron matrimonio el 17 de mayo de 1962 resulta incuestionable incluso para aquellos que se declaran republicanos. Juan Carlos de Borbón y Sofía de Grecia son dos personalidades muy distintas, pero han entendido perfectamente desde el primer día cuál era su destino. El compromiso de ambos para conseguir instaurar la monarquía, convertirla en uno de los motores de la Transición y consolidar la institución en democracia no es una cuestión baladí, por más que contaran en su empeño con la complicidad de los poderes públicos. La familia real es por una parte una familia y por otra una institución, pero hay que agradecerles que los problemas que han existido entre la pareja real no hayan interferido nunca en la corona. La reina lo explica así: «¿El amor? El mío, el nuestro, ha evolucionado hacia una amistad, una fuerte amistad. Yo soy... su compañera. Somos "compañeros de viaje". En este viaje vamos juntos... Y eso no se acaba».

No ha sido un camino de rosas el suyo. Cuando «no eran nadie» supieron aguantar las envestidas de los falangistas, las intrigas de la familia Franco, las incomprensiones de Estoril. Sofía de Grecia le dio a su marido el coraje y la fuerza necesaria para sobrellevar momentos duros, solitarios, extraños. Juan Carlos de Borbón tuvo la intuición y la habilidad de saber maniobrar, acercándose a aquellas personas del antiguo régimen que comprendían que el país debía avanzar hacia una democracia a la muerte de Franco. En la Transición supo ganarse la credibilidad ante la izquierda que se proclamaba republicana, aceptando que la Constitución rebajara sus funciones, si bien seguía siendo el jefe de las Fuerzas Armadas, lo que fue clave para desarticular el golpe de Estado del 23-F. A partir de entonces su talante, su encanto personal y su prestigio fueron los tres pilares en los que creció a los ojos de los españoles la figura del rey. Y de la reina, que supo encontrar el tono desde el primer día, con su saber estar, con su criterio oportuno, con su medida discreción. Jorge Semprún, siendo ministro de Cultura, manifestó que era una dama que siempre tenía una opinión inteligente; eso no quería decir que lo supiera todo, sino que todo lo que sabía lo tenía perfectamente procesado.

La reina ha dicho que el rey no abdicará jamás y que el príncipe ha de disponerse a ser durante muchos años un rey a la espera. Fue una manera inteligente de advertir a aquellos que cada equis tiempo disparan rumores e intentan enfrentar a padre e hijo con la corona al fondo. Siendo eso cierto, es importante que la institución no relaje su presencia en la sociedad española, se mantenga muy activa en los actuales momentos de dificultades y entienda que debe generar un nuevo relato para el siglo XXI. El día de su boda en Madrid, el príncipe Felipe alzó su copa para afirmar que el rey Juan Carlos, con el apoyo constante de la reina Sofía, había conseguido que la actual monarquía fuera una institución útil al servicio de España. Pero es evidente que en unos momentos en que la corona mantiene el prestigio, si bien ha bajado la valoración que los españoles hacen de ella de acuerdo con el CIS, resulta imprescindible repensar la institución, acercarla más a los ciudadanos y explicarla a las nuevas generaciones. Seguramente este nuevo relato no puede estar basado en el asentamiento de la democracia, sino en la estabilidad política que proporciona la institución. No cabe duda tampoco de que los discursos futuros deberían mantener la serenidad y la moderación habitual, aunque deberían perder retórica para ganar compromiso social, sin que ello suponga intervención política. Esta es una labor a la que deberá dar respuesta Rafael Spottorno, otrora secretario general y desde el otoño de 2011 jefe de la casa. Se trata de un diplomático sagaz, culto e inteligente, que cuenta a su lado con otro sutil diplomático como Alfonso Sanz de Portolés con veinte años al servicio de la corona. Ambos fueron estrechos colaboradores de los ministros Francisco Fernández Ordóñez y Javier Solana.

En los últimos años se han producido tres momentos especialmente complejos que han afectado a la pareja real y que son interesantes de analizar. Uno, la aparición del segundo libro de Pilar Urbano con la reina, en 2008, coincidiendo con su setenta aniversario, que es un intento por parte de doña Sofía de darse a conocer más como ser humano, seguramente porque las primeras memorias resultaron excesivamente históricas, aunque la autora traspasó en su nueva obra las fronteras de la prudencia en algunos momentos. Otro, la operación del rey en la primavera de 2010, que supuso la extracción de un nódulo en el pulmón derecho y que, según los allegados, hizo que el rey se replanteara muchos conceptos de su propia vida.

Y el tercero, la implicación de su yerno Iñaki Urdangarin en el año 2011 en un caso de malversación de caudales públicos, prevaricación, fraude y falsedad documental a través del Instituto Nóos, una fundación sin ánimo de lucro con la que el duque de Palma y sus socios ingresaron alrededor de diecisiete millones de euros.

El día que la reina cumplió setenta años no fue todo lo feliz que hubiera querido, preocupada como estaba por las interpretaciones que había suscitado el libro *La reina muy de cerca* de Pilar Urbano. Doña Sofía, una mujer extremadamente prudente en los actos oficiales, que durante toda su vida se ha protegido con una cortina de terciopelo como persona y como reina, se explaya sin embargo a lo largo de 320 páginas, como si quisiera descorrer ese telón para que la gente vea que detrás hay una dama comprometida con la corona, con todas las renuncias y con todos los privilegios del cargo. Pero a la vez, deja entrever que también existe una mujer sensible, que se emociona, sufre y resiste, y que merece un reconocimiento por sus silencios, por sus servicios y por su intachable dedicación. La propia autora del libro explica que la reina no tiene voz y que el rey se expresa en sus discursos, mientras ella asiste silenciosa y sonriente en las audiencias. «Muchas veces me parece una egregia muñecona con dinastía y protocolo en las venas, una pava real adosada al rey para la foto», escribe con lenguaje un tanto ordinario Pilar Urbano en la obra. Y pregunta. «¿La reina tiene que estar muda, como sometida a voto de silencio, sin opinar, sin dar a conocer sus criterios, sus reflexiones, sus experiencias?». «La reina —responde doña Sofía— no puede decir lo que piensa. No debe. Ni pronunciarse sobre opciones políticas… Ni censurar algo que ha estado mal hecho, ni desmentir un embuste. Si, por ejemplo, en una recepción o en una sobremesa con invitados, o charlando tras una audiencia, sale a relucir esta crítica, de modo natural, se dice: "Eso no es verdad". Y punto. Si no hurgas, si no insistes con desmentidos, las noticias sin fundamento se olvidan, mueren por sí solas». En este sentido, fui testigo personalmente de cómo la reina se sumaba a la reprimenda del monarca a Jaime Peñafiel en un encuentro con la prensa que tuvo lugar en el hotel King David de Jerusalén en 1993, a raíz de la publicación de su libro *Dios salve a la reina*, por divulgar lo que el rey calificó de «habladurías», refiriéndose a sus consideraciones acerca de las relaciones de la pareja, mientras el cronista se defendía diciendo que todo lo que aparecía en el libro eran situaciones que había vivido en primera persona, como aquella confesión de la reina Victoria Eugenia, poco antes de morir. «Desengáñese, Peñafiel, que los españoles son malos maridos, y aunque se casan enamorados enseguida son infieles. Quiero pensar que por naturaleza».

Sin embargo, a pesar de que doña Sofía tiene claro que el silencio de la reina es oro y que en los palacios resulta aún un metal más precioso, en la distancia corta con la periodista se explayó más de lo aconsejable. Urbano preguntó sin tapujos acerca de su relación con la princesa de Asturias, sobre el divorcio de la infanta Elena, acerca de la quema de fotos del rey o sobre una posible abdicación del monarca, a lo que doña Sofía contestó con sinceridad, pero no siempre con la contención esperada. La conversación incluso se enredó cuando la periodista la llevó por caminos más personales como su opinión acerca de los matrimonios homosexuales, la eutanasia, el aborto o la educación religiosa. Pilar Urbano le insistió en cuestiones sobre las que ha legislado el Parlamento español, órgano soberano por cuanto responde a la voluntad popular, y las respuestas fueron objeto de polémica por parte de columnistas y colectivos ciudadanos.

La coincidencia por los mismos días de la publicación de la obra y del cumpleaños de la reina empañó la celebración del setenta aniversario. El rey mostró su disgusto en privado en fecha tan significada, particularmente por la impericia del personal de la casa, que no supo actuar con la debida diligencia al leer el original. No se trataba de limitar la libertad de expresión de la reina, pero sí de protegerla ante manifestaciones realizadas espontáneamente que podían perjudicarla. Don Juan Carlos dio a entender que el título del libro subrayaba el problema de su contenido: *La reina muy de cerca*. La proximidad en la realeza es un riesgo. No se trata de alejar a la familia real de los focos, sino de que aprendamos a valorarlos en la distancia. Que el rey no estuviera en la cena de celebración de aquel aniversario no fue una buena noticia.

Otro titular puso al país en ascuas apenas un año y medio después. El rey fue intervenido en el Hospital Clínico de Barcelona el sábado 8 de mayo de 2010 de un nódulo en el pulmón derecho, de 19 milímetros, que había sido descubierto en una revisión un año antes, aunque su tamaño era entonces de apenas 2 milímetros. La intervención, que llevó a cabo el doctor Laureano Molins, duró dos horas y media y requirió anestesia general. Los médicos accedieron al pulmón mediante minitoracotomía, es decir, con una incisión en el tórax a través de la axila. Los análisis descartaron células neoplásicas, o por decirlo de una manera más rotunda, cancerígenas: la suya era una inflamación granulomatosa. Entre el 20 y el 30 por ciento de los fumadores suelen tener estos nódulos a partir de los sesenta años. Sin embargo, aquella intervención le cambió la vida al rey: se acabó el fumar esos magníficos habanos de Cuba, debía ser más austero a la hora de comer y no someter su cuerpo a ningún tipo de exceso. Don Juan Carlos pensó que la vida le había dado un aviso y se hizo serios replanteamientos de futuro. No se trataba de renunciar a su condición de jefe del Estado, sino de saber aprovechar los buenos momentos que aún tenía por delante. Cuando fue a visitarle su hijo, el príncipe Felipe, al día siguiente de ser intervenido —no había podido llegar antes, pues estaba de viaje oficial en Costa Rica— le dijo con su habitual buen humor: «Aquí estoy, entero y en forma». Antes había llegado la reina Sofía con la infanta Elena; de hecho habían pernoctado la noche antes de la operación en Barcelona y fueron los primeros familiares en llegar al Clínico. La reina no salió del recinto hasta casi las nueve de la noche y a la salida mandó un mensaje de optimismo: «El rey nunca pierde el ánimo, está muy bien y no ha perdido el humor».

Doña Sofía, en su papel, no se movió de Barcelona hasta que su esposo estuvo recuperado. El lunes llegaron de Washington la infanta Cristina e Iñaki Urdangarin y al día siguiente el monarca abandonó el centro hospitalario por su propio pie: «Como veis, me encuentro muy bien». Pero es evidente que este episodio resulta importante, porque constituye uno de esos momentos en que el ser humano teme lo peor y su resolución positiva permite recuperar el ánimo pero, al mismo tiempo, tomarse la vida de otra manera. Tiene claro que sigue siendo el rey, como reza la ranchera, pero también que debe aprovechar al máximo el presente.

La tercera prueba de fuego ha sido la investigación acerca de los negocios que habría llevado a cabo su yerno Urdangarin desde 2004, que incluso salpicaban a la infanta Cristina, pues era secretaria del consejo de administración de Aizoon, una de las empresas bajo sospecha, a la que el Instituto Nóos desviaba dinero. La instrucción del caso Palma Arena por parte del juez José Castro, donde se investigaron las responsabilidades de altos cargos del gobierno de Jaume Matas, incluido el que fuera presidente balear, permitió descubrir pagos millonarios de difícil justificación al Instituto que presidía Urdangarin, junto con Diego Torres, que había sido profesor suyo en la escuela de negocios Esade. Urdangarin cesó en el cargo coincidiendo con las acusaciones de los socialistas baleares, que en el Parlamento de las islas pidieron explicaciones por el pago de 1,2 millones de euros por la organización de unas jornadas deportivas que duraron cuarenta y ocho horas. Poco después Urdangarin fue incorporado como consejero de Telefónica, para en el 2009 ser destinado a Washington como delegado de la compañía en Latinoamérica y Estados Unidos.

Las filtraciones del sumario secreto en la prensa española han dejado en una difícil situación no solo a los duques de Palma, sino también a la Casa Real, que tuvo que poner cortafuegos para que la institución no se viera afectada por el escándalo creciente que han ido provocando las noticias en cascada que fueron apareciendo sobre el Instituto Nóos, una fundación sin ánimo de lucro que llegó a contratar elevadas cantidades con todo tipo de administraciones públicas y grandes empresas. En bastantes casos lo hacía sin una contraprestación clara, y esas cantidades acabaron en gran parte en manos de Urdangarin y Torres, mediante el uso de facturas de un conglomerado de sociedades. El rey ordenó a Rafael Spottorno que, como primera medida, aprovechara el tradicional encuentro con la prensa especializada previo a la Navidad para marcar distancias con la actuación de su yerno. El jefe de la Casa desgranó un discurso sobre la importancia de los valores de la corona, así como su carácter modélico, lo que le sirvió para incidir en que la actuación de Urdangarin había resultado «poco ejemplar». Una calificación muy contundente, cuando el duque de Palma todavía no había sido imputado, ni siquiera citado a declarar. Al poco el yerno del monarca fue apartado de los actos oficiales de la Casa Real: simbólicamente el Museo de Cera de Madrid trasladó la figura de Iñaki Urdangarin del grupo de la Familia Real al apartado dedicado a los deportistas españoles.

Curiosamente, por los mismos días aparecieron unas imágenes, en ningún caso robadas, de doña Sofía con la infanta Cristina, su esposo y sus hijos en Washington. Era evidente que la reina quiso hacer valer su condición de madre a los ojos del mundo, mostrando su afecto por el matrimonio en un lance tan difícil. El rey era contrario a que doña Sofía se dejara ver en compañía de Iñaki y Cristina, pero no tuvo más remedio que aceptar esta iniciativa a regañadientes. Sin embargo, no dejó margen a más consideraciones: pidió a su hija que pasaran las Navidades en su casa de Bethesda —tuvo que insistir sobre la inoportunidad del viaje el propio César Alierta, presidente de Telefónica, porque la infanta consideraba que no tenía que esconderse de nada ni de nadie, convencida de la legalidad de los negocios de su marido— y aprovechó el discurso de Nochebuena para enviar un mensaje a los ciudadanos. Don Juan Carlos dedicó unos párrafos de su alocución a la conducta de su yerno —esta vez la emisión batió récords de audiencia ante las circunstancias tan especiales que concurrían— que avalaban la reacción contra la conducta irregular de Urdangarin.

El monarca defendió a la corona de las conductas irregulares que no se ajustan a la legalidad o a la ética, y que provocan que la sociedad reaccione: «Afortunadamente vivimos en un Estado de Derecho, y cualquier actuación censurable será juzgada y sancionada con arreglo a la ley. La justicia es igual para todos». El rey dedicó bastante tiempo a glosar el comportamiento que deben tener siempre los servidores públicos: «Me preocupa enormemente la desconfianza que parece estar extendiéndose en algunos sectores de la opinión pública respecto a la credibilidad y el prestigio de algunas de nuestras instituciones. Necesitamos rigor, seriedad y ejemplaridad en todos los sentidos. Todos, sobre todo las personas con responsabilidades públicas, tenemos el deber de observar un comportamiento adecuado, un comportamiento ejemplar».

Por primera vez en muchos años la familia real no cenó al completo. Fue una Navidad especialmente triste, donde el rey ha tenido que anteponer la salvaguarda de la corona al afecto por su hija y por sus nietos. Tres días después, Urdangarin era oficialmente imputado por el titular del Juzgado de Instrucción de Palma de cuatro presuntos delitos de malversación de caudales públicos, falsificación documental, fraude a la Administración y prevaricación.

Al cumplirse medio siglo de la boda de los reyes, de los cuales treinta y siete en ejercicio del poder, y a pesar de los contratiempos de los últimos tiempos, así como de una sobreexposición no deseada de la familia real a la prensa rosa, la popularidad de la institución resulta todavía hoy evidente, como lo demuestra el sondeo de Sigma 2 para el diario *El Mundo*, realizado a final del año 2011, donde el 76 por ciento de los ciudadanos consideraba que tenía una opinión «buena o muy buena» del rey Juan Carlos. Al mismo tiempo la monarquía recibía un respaldo del 60,1 por ciento de los entrevistados. La corona llevó a cabo por los mismos días un ejercicio de transparencia, al explicar cómo el monarca reparte el presupuesto de 8,4 millones asignado por las Cortes, del que 292.000 euros brutos corresponden al salario del jefe del Estado.

La Casa del Rey, que no está sometida al control del Tribunal de Cuentas, ni tiene obligación legal de revelar cómo gasta su presupuesto, decidió hacer públicas sus cuentas tras estallar el caso Undargarin. Sin duda, la decisión fue un acto de sensatez, pues tiene todo el sentido que los ciudadanos sepan en qué gasta el rey el dinero público, algo que es norma habitual de las casas reales europeas. La transparencia de las cuentas públicas resulta un valor democrático y su conocimiento contribuye a salvaguardar el prestigio de las instituciones. En ese sentido, la publicación del presupuesto real ha permitido afianzar el prestigio de la monarquía parlamentaria en España, y supone un elemento más de modernización de la institución para adaptarla a las nuevas demandas sociales, entre las que figura en lugar destacado el ejercicio de la máxima transparencia de los servidores públicos.

La reina manifestó en una ocasión que ha valido la pena —«todas las penas»— vivir lo que ha vivido y que volvería a hacerlo de nuevo. En el primer libro de Pilar Urbano la reina reflexionaba acerca de la pareja: «¿Que no somos nada iguales? ¡Es verdad! ¡Ni parecidos! Cada uno es cada uno… Él es extrovertido. Yo, reservada. Él es un lanzado. Yo, soy tímida. Y él se morirá sin saber lo que es la vergüenza, y yo me moriré tímida. Él es primario. Yo, secundaria. Él es intuitivo. Yo, lógica, de escaleras: peldaño a peldaño. Él capta las situaciones al vuelo, huele a las personas como si fuera un perro de caza. Y pocas veces se equivoca al prejuzgar. Yo, en cambio, no me atrevo a juzgar si no tengo todos los datos. Él es rápido. Yo, lenta… Él puede tener un arranque de genio fuerte, terrible, y dar gritos. Yo estoy hecha para aguantar más. Una cosa, una persona, me puede estar fastidiando… y nadie se dará cuenta. La procesión va por dentro. Tengo los nervios de acero. Total: que no somos eso que dicen de la media naranja, pero… nos complementamos. Esto es, si quieres, como lo de los idiomas: qué pones tú, qué pongo yo, y al final, entre los dos sumamos diez».

La autora repregunta: «¿Y, en ese tándem, qué le da la reina al rey?». Y la reina contesta: «Yo, al rey, como su esposa que soy, como su compañera de equipo, como su amiga, le doy lealtad. Le doy interés por sus asuntos, que son también asuntos míos. Le doy conversación, poder intercambiar puntos de vista diferentes, comentar un suceso, unas declaraciones de alguien, un debate parlamentario, algo que viene en el periódico… No he intentado jamás interferir en su trabajo, en sus decisiones. Ni tengo la pretensión de aconsejarle lo que debe hacer o evitar. Si acaso, nos aconsejamos mutuamente. ¿Qué más le doy? Le doy compañía. Le doy mi tiempo, porque siempre estoy a su disposición. Le doy mi comprensión. Y… le doy mi cariño».

A las puertas de cumplirse treinta y cinco años de la aprobación de la Constitución, el rey y la reina han conseguido que la corona sea valorada por su aportación al orden y la estabilidad de España, pero también por su compromiso personal por la institución que ha hecho que nunca sus diferencias condicionaran su responsabilidad como representación del Estado. Don Juan Carlos y doña Sofía, después de medio siglo juntos, han demostrado que la monarquía podía tener vigencia en la España democrática. Y eso es mérito suyo, de ambos. Para eso hacía falta dedicación, habilidad y suerte. Y don Juan Carlos ha sido un hombre tremendamente afortunado que ha sabido salir airoso de las situaciones más complicadas. En una ocasión, encontrándose en la cara sur del templo de Karnak, en la ciudad egipcia de Luxor, donde se encuentra el llamado Lago Sagrado del templo dedicado a Amón Ra, fue invitado a dar siete vueltas alrededor del gran escarabajo de granito rosa que representa a Jepri, en cuyo pedestal está grabado el nombre de Amenofis II. El rey declinó el ofrecimiento y dirigiéndose al entonces jefe de seguridad de la Casa del Rey, Guillermo Quintana Lacaci le explicó: «A la suerte no hay que tentarla, sino tratarla con cuidado, a poder ser con guantes blancos. La suerte se parece a los surfistas: hay que dejar que la ola le lleve donde ella quiera, o de lo contrario te revuelca». Han pasado casi cuatro décadas desde que don Juan Carlos juró como rey y el trono se mantiene en lo alto de la ola, sin revolcones, dispuesto a llegar a la arena. Con la mirada atenta de la reina Sofía.

Epílogo

LA MONARQUÍA PARLAMENTARIA MÁS ALLÁ DE JUAN CARLOS Y SOFÍA

Honoré de Balzac escribió que «aun detestando a los reyes, debemos morir defendiéndolos en el umbral de los palacios, porque un rey somos todos». Eso dicho por un pensador francés nacido después de la Revolución Francesa resulta sorprendente, pero la sentencia tiene todo el sentido interpretándola a la luz de la España del siglo XXI. Consolidada la democracia en el país, integrado plenamente en Europa, la corona no es, sobre todo, el garante de que no haya una involución como se contempló a la muerte de Franco. Hoy la monarquía parlamentaria, representada por Juan Carlos de Borbón y Sofía de Grecia, constituye un elemento de estabilidad, de prestigio internacional y, como escribió Carmen Iglesias, «un símbolo de la permanencia del Estado frente a las alternancias de los diferentes gobiernos». Es cierto que el futuro de la institución está estrechamente ligado a la conducta responsable de quienes la representan, a su capacidad de mantener su sintonía en la sociedad, a su voluntad de servir al país por encima de todo. Con sus aciertos y sus errores, el rey Juan Carlos ha sabido mantener un sabio equilibrio incluso en los tiempos más tormentosos, más difíciles o más críticos. Apareciendo como interlocutor válido con los diferentes poderes, ideologías e instituciones. La imagen del rey recibiendo al representante de la fuerza *abertzale* Amaiur, tras las elecciones del 20-N de 2011, que se dirigió al rey todo el tiempo como «majestad», resulta todo un símbolo de la capacidad de escuchar de la corona.

Se suele decir que España no es un país de monárquicos, sino de juancarlistas y que el momento de la sucesión será poco menos que la prueba del nueve de la corona en nuestro país. En la misma encuesta de Sigma 2 en la que tres de cada cuatro ciudadanos afirmaban tener una buena o muy buena opinión del rey, un 70 por ciento de los consultados tenía la misma consideración del príncipe. Felipe VI deberá vencer dos reticencias. Una, el recelo de aquellos que consideran que la legitimidad por la vía de los acontecimientos es superior a cualquier legitimidad por tradición histórica. O por decirlo de otra manera, el rey se ha ganado la Jefatura del Estado no solo por haber acompañado la Transición o por haberse enfrentado a los golpistas del 23-F, sino por otras múltiples actuaciones que van de la capacidad de reunir a todos los presidentes autonómicos en la época de José María Aznar con ocasión del vigésimo quinto aniversario de la Constitución —cuando las relaciones entre el jefe del Ejecutivo español y del vasco eran inexistentes—, o por su capacidad de mantener un contacto fluido con el presidente George Bush después de la retirada de las tropas españolas de Iraq, que fue la primera decisión de José Luis Rodríguez Zapatero al llegar a La Moncloa. Y dos, el desapego de la generación más joven. En la encuesta de Sigma 2 se advierte que existe mayor desafección entre los jóvenes de dieciocho a veintinueve años, aquellos que han vivido siempre en democracia y que no son tan conscientes del papel que ha representado la corona. Entre ellos el respaldo a la monarquía baja al 48 por ciento. Es indudable que los príncipes deberán establecer nuevas formas de relación entre la institución y las nuevas generaciones, desarrollar un discurso más cercano e incluso representar un cierto liderazgo cívico, a fin de ganar predicamento entre ellas.

Felipe VI, que será el primer rey con un título universitario, complementado con un máster en Washington, tendrá a su lado por primera vez a una princesa que no es de sangre real, pero que dispone de las cualidades que se le exigen a la persona que debe desempeñar el cargo: inteligencia, disponibilidad, dedicación, rigor, espíritu de sacrificio. Letizia Ortiz no ha cometido un solo error desde que representa a la corona y, sin duda, ha contribuido a darle cercanía y calidez al príncipe. Ambos mantienen una amplia agenda de actividades para darse a conocer e incluso celebran encuentros con colectivos diversos para escuchar comentarios, sugerencias y críticas. Saben que no lo van a tener fácil, que se deberán ganar el puesto, que deberán pasar el examen cada día. En un encuentro de los príncipes con un grupo de intelectuales gerundenses que trabajan en Barcelona, celebrado en un discreto restaurante de la plaza Molina de la capital catalana, uno de ellos, profesor universitario, les comentó que las monarquías actuales se han legitimado con circunstancias excepcionales (la reina madre permaneciendo en Londres con los bombardeos de la aviación alemana, el monarca Christian X de Dinamarca colocándose la estrella de David cuando los nazis dispusieron que los judíos debían identificarse con ella, el rey de España oponiéndose al intento de golpe de Estado en 1981) y que ese no iba a ser su caso. La respuesta del príncipe Felipe fue: «Es verdad, pero también lo es que yo no puedo acceder al trono con una epopeya personal; o sea que llegaré a esta responsabilidad con aburrimiento y normalidad, pero es deseable que así sea». El príncipe argumentó ante aquel grupo de intelectuales la función del rey más allá de las circunstancias excepcionales como un elemento moderador, de neutralidad, de estabilidad, de consenso, y lo hizo no tanto apelando al pasado de la institución, sino a un futuro cambiante, al que la corona deberá saber adaptarse y adecuarse. Esta vez no dijo aquella frase tan gráfica con la que contestó a un director catalán de diario: «La monarquía puede tener futuro si la gente es consciente de que le cuesta poco y, a cambio, le da mucho».

Ganarse el puesto desde la normalidad de los acontecimientos resultará un mérito en un país que parece que esté dispuesto a discutirlo todo y donde se arregla el mundo cada día en cien tertulias de radio y televisión distintas. A los príncipes lo que está por venir no les abruma y, a pesar de su buen oficio, han visto que ni desde el buen criterio es posible escapar de las críticas furibundas por cuestiones irrelevantes o por hechos indemostrables. O por rumores absurdos, incluidas conspiraciones para acceder al trono antes de hora, que afortunadamente no han conseguido enfrentar a padre e hijo, que sienten igual respeto que cariño y mantienen una relación constante y fluida.

La España de Juan Carlos y Sofía será vista con el paso del tiempo como uno de los periodos de mayor paz, libertades, desarrollo y prosperidad de la historia. Su actuación merecerá el día de mañana, sin ninguna duda, una alta consideración. Los príncipes tomarán el relevo, sabiendo que la carrera comienza de nuevo. A ellos les tocará hacer evolucionar la institución. A la reciente transparencia presupuestaria habrá que sumar reformas como el orden sucesorio (la preeminencia del varón sigue vigente en contra del principio de igualdad que establece la propia Constitución), la fijación de incompatibilidades para la Casa Real (que deberían ser establecidas por el Parlamento) e incluso la eliminación de la exención de responsabilidades penales para el jefe del Estado, si bien manteniendo la condición de persona aforada de tal modo que toda iniciativa judicial sobre sus personas debería canalizarse exclusivamente a través del Tribunal Supremo.

La monarquía parlamentaria como forma de organización del Estado se ha demostrado válida. Encarna y visualiza la representación de España, simplifica el proceso político, comporta menor desgaste y gasto, desarrolla un papel cultural interior y resulta un magnífico instrumento de imagen del país. Pero es indudable que su futuro está ligado a la capacidad de quienes ocupen la institución, algo que no garantizan ni el trono ni los genes, pues como dijo el historiador e hispanista J. H. Elliot, Premio Príncipe de Asturias 1996, el mayor de los peligros de la monarquía radica precisamente en la cuestión dinástica, porque no se puede seleccionar al heredero. Sin embargo, Felipe de Borbón es un hombre que reúne muchas de las virtudes que se esperan de quien deberá un día ocupar la Jefatura del Estado y quienes le conocen destacan que puede que no tenga la empatía y familiaridad que tiene don Juan Carlos con la gente, pero nadie le discute su dedicación, entrega y responsabilidad. Es un hombre que estudia a fondo los temas a los que se enfrenta, al que le gusta escuchar las opiniones ajenas y que interviene directamente en los discursos que le corresponde pronunciar. La princesa Letizia es un contrapunto que tiene en cuenta, con la que forma un equipo sólido, profesional y compensado.

La monarquía se ha consolidado porque se ha percibido como válida y la gente la ha aceptado de manera tranquila y mayoritaria. El gran reto de los príncipes es mantener esta sintonía con los ciudadanos. Algo que Juan Carlos y Sofía han conseguido con su reinado, y que hizo que un convencido republicano como Vaclav Havel, presidente de la República Checa, afirmara ante la prensa española durante la visita real a su país: «Si yo fuera español, independientemente de mis convicciones republicanas, estaría al lado de un rey como don Juan Carlos».

Bibliografía

ANSON, Luis María, *Don Juan*, Plaza & Janés, Barcelona, 1994.
APEZARENA, José, *Todos los hombres del rey*, Plaza & Janés, Barcelona, 1997.
—, *El príncipe*, Plaza & Janés, Planeta, 2000.
AREILZA, José María, *Diario de un ministro de la monarquía*, Planeta, Barcelona, 1977.
BALANSÓ, Juan, *La familia real y la irreal*, Planeta, Barcelona, 1993.
BARDAVÍO, Joaquín, *Los silencios del rey*, Strips Editores, Madrid, 1979.
BORRÀS, Rafael, *Los últimos Borbones. De Alfonso XIII al Príncipe Felipe*, Flor del Viento, Barcelona, 1999.
BURNS MARAÑÓN, Tom, *Conversaciones sobre el rey*, Plaza & Janés, Barcelona, 1996.
—, *La monarquía necesaria*, Planeta, Barcelona, 2007.
CALVO SOTELO, Leopoldo, *Memoria viva de la transición*, Actualidad y Libros, Barcelona, 1993.
CAROL, Màrius, *Las anécdotas de don Juan Carlos*, Planeta, Barcelona, 2000.
—, *Condición de príncipe*, Planeta, Barcelona, 2004.
CARR, Raymond y FUSI, Juan Pablo, *España, de la dictadura a la democracia*, Planeta, Barcelona, 1979.
CARRILLO, Santiago, *Memorias*, Planeta, Barcelona, 1993.
ENRÍQUEZ, Carmen y OLIVA, Emilio, *Doña Sofía. La reina habla de su vida*, Aguilar, Madrid, 2008.
FERNÁNDEZ MIRANDA, Pilar y Alfonso, *Lo que el rey me ha pedido*, Plaza & Janés, 1995.

Fraga Iribarne, Manuel, *En busca del tiempo servido*, Planeta, Barcelona, 1987.
Fusi, Juan Pablo, *Franco*, Taurus, Madrid, 1985.
García Abad, José, *La soledad del rey*, La Esfera de los Libros, Madrid, 2004.
Grecia, Federica de, *Memorias. La madre de la reina Sofía*, La Esfera de los Libros, Madrid, 2006.
López Rodó, Laureano, *La larga marcha hacia la monarquía*, Noguer, Barcelona, 1977.
—, *Claves de la Transición. Memorias IV*, Plaza & Janés, Barcelona, 1993.
Nourry, Philippe, *Un rey para los republicanos*, Planeta, Barcelona, 1986.
Peces-Barba, Gregorio, *La democracia en España. Experiencias y reflexiones*, Temas de Hoy, Madrid, 1996.
Peñafiel, Jaime, *Dios salve a la reina*, Planeta, Barcelona, 1993.
—, *Dios salve... también al rey*, Planeta, Barcelona, 1995.
—, *¿Y quién salva al príncipe?*, Planeta, Barcelona, 1996.
Powell, Charles T., *El piloto del cambio. El rey*, Planeta, Barcelona, 1991.
—, *Juan Carlos. Un rey para la democracia*, Ariel, Barcelona, 1995.
Preston, Paul, *Franco, caudillo de España*, Grijalbo, Barcelona, 1994.
—, *Juan Carlos. El rey de un pueblo*, Plaza & Janés, Barcelona, 2003.
Rincón, María Eugenia, *Sofía de España. Una mujer*, Safeliz, Madrid, 1998.
Sainz Rodríguez, Pedro. *Un reinado en la sombra*, Planeta, Barcelona, 1981.
Seco Serrano, Carlos, *La monarquía en la transición política y en la España democrática*, Espasa Forum, Madrid, 2002.
Sentís, Carlos, *Seis generaciones de Borbones y un cronista*, Destino, Barcelona, 2004.
Soriano, Manuel, *Sabino Fernández Campo. La sombra del rey*, Temas de Hoy, Madrid, 1995.
Tusell, Javier, *Juan Carlos I*, Arlanza, Madrid, 2002.
Urbano, Pilar, *La reina*, Plaza & Janés, Barcelona, 1996.
—, *La reina muy de cerca*, Planeta, Barcelona, 2008.
—, *El precio del trono*, Planeta, Barcelona, 2011.
Vilallonga, José Luis, *El rey*, Plaza & Janés, Barcelona, 1993.
—, *Franco y el rey*, Plaza & Janés, Barcelona, 1998.

Índice onomástico

Abárzuza, Felipe, 45
Abril Martorell, Fernando, 142
Aki Hito, emperador de Japón, 54
Alba, duque de, 46, 64, 84
Alberto II, rey de Bélgica, 28
Alburquerque, duque de, 60
Alejandro, príncipe de Yugoslavia, 20, 22
Alejandro Magno, 39
Alfaro Arregui, Ignacio, 144
Alfonso XIII, rey de España, 37, 42, 58, 62, 64, 67, 68, 72
Alierta, César, 188
Almansa, Fernando, 161, 172
Alonso Vega, Camilo, 62, 69, 85, 89, 90
Ana María, reina de Grecia, 28, 46, 77, 79
Anson, Luis María, 67, 85, 86
Añoveros, Antonio, 106
Aosta, Amadeo de, 47
Ardanza, José Antonio, 153
Areilza, José María de, conde de Motrico, 65, 86, 90, 91, 95, 97, 112, 127-131, 154

Areopagita, Dionisio, 46
Arias, Inocencio, 159
Arias Navarro, Carlos, 74, 100, 104-108, 112, 114-117, 120, 124-130, 134
Armada, Alfonso, 25, 66, 90, 97, 115, 124, 133, 134, 137, 142-145
Armero, José Mario, 132
Armstrong-Jones, Tony, 27
Arnantes, ayudante de Constantino II, 81
Arnault, Bernard, 180
Astrid, princesa de Noruega, 20
Aza, Alberto, 173
Aznar, José María, 167, 168, 176-178, 194

Bachelet, Michelle, 178
Baden, Luis, 47
Balduino, rey de Bélgica, 46, 145
Balzac, Honoré de, 193
Barrera de Irimo, Antonio, 105, 108
Battenberg, Luis de, 32
Battenberg, Victoria Eugenia de, reina de España, 32, 36, 37, 48, 60, 67, 68, 84-86, 90, 185

Beatriz I, reina de los Países Bajos, 27
Benedicta, princesa de Dinamarca, 46
Bernardo, príncipe consorte de los Países Bajos, 46
Bhumibol, rey de Tailandia, 54
Black, Robert Brown, 54
Bono, José, 176
Borbón y Battenberg, Jaime de, 67, 68
Borbón y Battenberg, Juan de, conde de Barcelona, 18, 20, 22, 23, 29-32, 36, 40-45, 47-49, 51, 52, 59-65, 67, 68, 70, 71, 73, 84-87, 90-95, 97, 100, 101, 106, 113, 118, 120, 125, 127, 135, 144, 156, 157, 160
Borbón y Battenberg, María Cristina de, 62
Borbón y Borbón, Alfonso de, infante de España, 23
Borbón y Borbón, Margarita de, infanta de España, 20, 60, 97
Borbón y Borbón, Pilar de, infanta de España, 20, 46, 60
Borbón Dampierre, Alfonso de, duque de Cádiz, 43, 46, 47, 62, 63, 67-74, 96, 99, 102, 106, 112, 117
Borbón Dampierre, Gonzalo de, 68
Borbón-Dos Sicilias, Antonio de, 27
Borbón-Dos Sicilias, Carlos de, 18, 47
Borbón-Dos Sicilias, María de las Mercedes, condesa de Barcelona, 20, 24, 31, 36, 59, 60, 63, 92-95
Borbón y Grecia, Cristina de, infanta de España, 62, 70, 78, 171, 175, 186-188
Borbón y Grecia, Elena de, infanta de España, 59, 60, 78, 166, 175, 179, 185, 186
Borbón y Grecia, Felipe de, príncipe de Asturias, 84, 85, 126, 127, 135, 146, 152, 154, 155, 162, 171-175, 182, 186, 194, 195, 197
Borbón y Ortiz, Leonor de, 175
Borbón y Ortiz, Sofía de, 175
Brandt, Willy, 120, 133
Bredimas, Elías, 59
Brynner, Yul, 53
Bush, George W., 168, 176, 179, 194

Cabanillas, Pío, 108
Cadino, marqués de, 161
Calviño, Mariano, 69
Calvo Serer, Rafael, 86
Calvo Sotelo, Leopoldo, 131, 143
Campano, Ángel, 69, 144
Canelopoulos, Panagiotis, 81
Caro, Ignacio, 144
Carrero Blanco, Luis, 58, 63, 69, 72, 74, 81, 85-87, 89-92, 97, 104, 105
Carriles, Eduardo, 131, 134
Carrillo, Santiago, 113, 132-135
Carro, Antonio, 106
Castañón de Mena, Juan, 43, 66, 103
Castellbell, marqués de, 167
Castiella, Fernando María, 56, 65, 84
Castro, Fidel, 178
Castro, José, 187
Chávez, Hugo, 178
Chez, Heinz, 106
Christian X, rey de Dinamarca, 195
Chrysóstomos, arzobispo de Grecia, 41, 47
Churchill, Winston, 20, 33
Claudín, Fernando, 121
Clinton, Bill, 178
Clinton, Hillary, 178
Coloma Gallegos, Francisco, 115, 116, 138
Conde, Mario, 160, 161, 166, 167

Constantino II, rey de Grecia, 9, 13, 14, 17, 28, 31, 32, 34, 35, 46, 47, 77-81, 146, 163
Constantino I, rey de Grecia, 21
Cortina Mauri, Pedro, 115
Cotoner, Nicolás de, marqués de Mondéjar, 66, 93, 94, 97, 115, 117, 144

Dávila, José Antonio, 70
Desiree, princesa de Suecia, 28
Díez Alegría, Manuel, 116
Dimitri, gran duque de Rusia, 20

Eden, Anthony, 24
Eisenhower, Dwight D., 15
Elliot, J. H., 197
Enrique y Tarancón, Vicente, 118, 120
Erquicia, Pedro, 173
Espinosa, Sonsoles, 178
Espinosa San Martín, Juan José, 83, 84
Eugenidis, Eugenios, 13, 14, 16, 17, 19

Fabiola, reina de Bélgica, 46
Faruk, rey de Egipto, 20
Felipe IV, rey de España, 42
Felipe V, rey de España, 84
Fernández Campo, Sabino, 138, 143, 144, 151, 155, 159, 161-164
Fernández Miranda, Alfonso, 129
Fernández Miranda, Pilar, 129
Fernández Miranda, Torcuato, 74, 96, 102, 105, 114, 116, 124, 125, 128, 130, 131, 135
Fernández de la Mora, Gonzalo, 129, 134
Fernández Ordóñez, Francisco, 141, 159, 162, 183
Fernando VII, rey de España, 84
Fonda, Henry, 55

Fontán, Antonio, 118
Fontanar, conde de, 18
Forbes, Robert, 52
Ford, Gerald, 115, 127
Ford, Glenn, 53
Fraga Iribarne, Manuel, 51, 58, 61, 63, 82, 89, 105, 112, 125, 127-131, 134
Franco Bahamonde, Francisco, 18, 22, 25, 30, 31, 33, 35, 36, 40, 42-45, 47-49, 51-53, 55, 57-74, 81, 83-87, 89-97, 99-109, 111-121, 123-125, 128, 130, 135, 137, 139, 140, 154, 182, 193
Franco Bahamonde, Nicolás, 91, 108
Franco Martínez-Bordiú, Francisco, 22
Franco Polo, Carmen, 49, 73, 74
Franco Salgado-Araujo, Francisco, 101
Fuente, Licinio de la, 134

Gabeiras, José, 145
Galíndez, Pedro, 22
Gamazo, José María, 97
Gandhi, Indira, 54
Garaikoetxea, Carlos, 139, 145, 153
García Conde, Emilio, 30, 33, 43
García Hernández, José, 108, 128, 129
García Rebull, Tomás, 69
García Sertucha, José, 168
García Trevijano, Antonio, 86
Garrigues y Díaz-Cañabate, Antonio, 52, 55, 56
Garrigues Walker, Joaquín, 64
Gaulle, Charles de, 14, 138
Gavilán, José Ramón, 104
Gayá, Marta, 163
Gil, Vicente, 104, 106
Gil-Robles, José María, 18, 126

Girón, José Antonio, 69, 91, 104, 119
Giscard d'Estaing, Valéry, 115, 120, 132, 145
Gómez Ortigüela, Luis, 141
Gómez de la Serna, Ramón, 174
González Márquez, Felipe, 108, 121, 124, 132, 142, 149-156, 161, 167, 177
Goulandris, Marieta, 55
Grecia, Eugenia de, princesa de Grecia, 46
Grecia, Irene de, princesa de Grecia, 17, 27, 36, 46, 78, 80, 81, 124
Grecia, Jorge de, príncipe de Grecia, 21
Grecia, Miguel de, príncipe de Grecia, 47, 163
Grecia, Pablo de, príncipe de Grecia, 80
Grimau, Julián, 65
Gustavo VI Adolfo, rey de Suecia, 20, 27
Gutiérrez Mellado, Manuel, 86, 133, 134, 139, 141

Haakon Magnus, príncipe de Noruega, 172
Hahn, Kurt, 17
Haig, Alexander J., 132
Hannover, Christian de, 47
Hannover, Ernesto Augusto IV de, 20
Hannover, Federica de, reina de Grecia, 13-19, 21, 28, 32, 34, 35, 42, 46, 48, 73, 77-79, 81, 124, 143
Hannover, Jorge Guillermo, príncipe de Gran Bretaña, 18
Hannover, Ortrud de, 20
Harald V, rey de Noruega, 28, 29
Haraldsen, Sonia, 29

Hassan II, rey de Marruecos, 114, 115, 145, 155
Havel, Vaclav, 197
Helena, reina de Rumanía, 17
Herrero Tejedor, Fernando, 112
Hesse-Darmstadt, Victoria de, princesa de Battenberg, 32
Hill, Robert C., 103
Hiro Hito, emperador de Japón, 54
Howard, Gigi, 172

Ibáñez Martín, José, 36
Iglesias, Carmen, 193
Iglesias, Pablo, 150
Ingrid, reina de Dinamarca, 46
Irene, princesa de Holanda, 46
Isabel II, reina de Inglaterra, 15, 27, 32, 145
Iturbe, José, 24, 55
Iturmendi, Antonio, 96

Johnson, Lindon B., 78, 103
Jorge I, rey de Grecia, 24, 39, 95
Jorge II, rey de Grecia, 17, 21
Josefina Carlota, gran duquesa de Luxemburgo, 17
Juan XXIII, 37, 41, 48
Juliana I, reina de los Países Bajos, 17, 46
Juste, José, 144

Karamanlís, Constantinos, 47
Kelly, Grace, princesa de Mónaco, 45, 53
Kennedy, John Fitzgerald, 52, 55
Kent, Alejandra de, princesa del Reino Unido, 46
Kipling, Joseph Rudyard, 10
Kissinger, Henry, 115, 154
Kollias, Konstantinos, 78

Labouchere, George, 41, 44, 61
Lacalle, José, 84
Laína, Francisco, 144
Lavilla, Landelino, 131
Leizaola, Jesús María, 139
Lindo, Elvira, 174
López Bravo, Gregorio, 74, 103, 129, 134
López de Letona, José María, 129
López Rodó, Laureano, 36, 40, 59, 61, 63, 65, 69-71, 83, 86, 89-92, 95, 105, 130, 131, 134
Lora Tamayo, Manuel, 84
Luca de Tena, Juan Ignacio, 45
Luca de Tena, Torcuato, 63, 96
Luisa, princesa de Suecia, 20

Macapagal, Diosdado, 54
Madariaga, Salvador de, 126
Mahendra, rey de Nepal, 54
Makerezos, Nikolaos, 79
Marcos, Imelda, 120
Margarita, princesa de Noruega, 28
Margarita, princesa del Reino Unido, 20, 27
Margarita II, reina de Dinamarca, 27
María José, reina de Italia, 16, 17, 20
María Luisa, reina de Bulgaria, 20
Marichalar, Jaime de, 179, 180
Marta, princesa heredera de Noruega, 20
Martín Villa, Rodolfo, 141
Martínez-Bordiú, Cristóbal, marqués de Villaverde, 49, 71, 73, 74, 104, 106, 108, 117
Martínez-Bordiú Franco, Carmen, 70, 71, 106, 112, 117
Martínez-Campos, Carlos, duque de la Torre, 31, 61
Martínez Esteruelas, Cruz, 134

Mata, Enrique de la, 133
Matas, Jaume, 187
Medinaceli, duque de, 46
Merry Gordon, Pedro, 144, 145
Messía, Yanguas, 41
Miguel, rey de Bulgaria, 20
Miguel I, rey de Rumanía, 20
Milans del Bosch, Jaime, 133, 142-145
Mitterrand, François, 154
Mohamed VI, rey de Marruecos, 177
Molins, Laureano, 186
Morcillo, Casimiro, 85
Morodo, Raúl, 86
Mountbatten, Luis, 32, 47, 102
Muñoz Grandes, Agustín, 23, 62, 81
Mussolini, Benito, 13

Nasser, Gamal Andel, 24
Nehru, Jawaharlal, 53
Newman, Paul, 33
Niarchos, Stavros, 40, 53
Nicolis, Olghina, condesa de Robilant, 29
Nieto Antúnez, Pedro, 73, 105
Nixon, Richard, 102, 103, 107
Nourry, Philippe, 147

Olaf, rey de Noruega, 20, 29, 46
Olarra, Luis, 138
Onassis, Aristóteles, 21
Oneto, Pepe, 157
Oreja, Marcelino, 131
Oriol, Antonio María de, 71, 73, 84, 96, 133
Orleáns, Ana de, princesa de Francia, 46
Orleáns, Diana de, 30
Orleáns, Enrique de, conde de París, 20

Orleáns, Isabel de, condesa de París, 20
Orleáns Borbón, Alfonso de, 60
Ortínez, Manuel, 138
Ortiz Rocasolano, Letizia, princesa de Asturias, 171, 173-175, 185, 195, 197
Osorio, Alfonso, 112, 127, 131, 134, 138
Osuna, duques de, 46
Ottaviani, cardenal, 41

Pablo I, rey de Grecia, 14-16, 19, 30, 35, 36, 39, 42, 46, 77, 175
Pablo VI, 90, 113
Pabón, Jesús, 18
Padilla, Ramón, 42
Papadopoulos, Georgios, 77-79
Papagos, Aléxandros, 14, 15
Papandreu, Andreas, 77, 78, 81
Papandreu, Georgios, 77
Pattakos, Stylianos, 79
Peces-Barba, Gregorio, 150, 155
Pemán, José María, 40, 64
Peñafiel, Jaime, 54, 55, 174, 184, 185
Pérez Bricio, Carlos, 129
Pérez Viñeta, Alfonso, 69
Perote, Juan Alberto, 167
Pertini, Sandro, 145
Pinilla, Carlos, 128
Pinochet, Augusto, 120
Piñar, Blas, 140
Pita da Veiga, Gabriel, 134
Polo, Carmen, 49, 71-73, 104, 105, 118
Porcel, Baltasar, 163
Pozuelo, Vicente, 107, 117
Prado y Colón de Carvajal, Manuel, 120, 166
Preminger, Otto, 32

Preston, Paul, 30, 45, 69, 92, 104, 108
Primo de Rivera, José Antonio, 86
Primo de Rivera, Miguel, 92, 128, 129
Printesi, Benedicto, 46
Puig Antich, Salvador, 106
Puig de la Bellacasa, José María, 108
Pujol, Jordi, 145, 153, 154, 171

Queen, Anthony, 55
Quintana Lacaci, Guillermo, 144, 152, 191

Radziwill, Dominik, 46
Radziwill, Tatiana, 46
Rainiero, príncipe de Mónaco, 45, 53
Rajoy, Mariano, 176
Ranero, Luis Felipe de, 36
Reagan, Ronald, 154
Rego, Iñaki, 167
Rego Vidal, Juan José, 167, 168
Rentería, Iñaki de, 167
Riberi, monseñor, 60
Rockefeller, Nelson, 120
Rodríguez Sahagún, Agustín, 141
Rodríguez de Valcárcel, Alejandro, 74, 105, 106, 114, 116, 120, 124, 129
Rodríguez Zapatero, José Luis, 176, 178, 179, 194
Roldán. Luis, 166
Romero, Emilio, 83
Rosa, Javier de la, 166
Rubio, Mariano, 166
Ruiz Gallardón, José María, 63
Ruiz-Jarabo, Francisco, 105
Rusk, Dean, 52

Saboya, Humberto II, rey de Italia, 16, 20, 29
Saboya, María Gabriela de, 29-31
Saboya, María Pía de, 22

Saboya, Víctor Manuel de, 47
Sáenz de Ynestrillas, Ricardo, 140, 152
Sainz Rodríguez, Pedro, 71, 92
Salanueva, Carmen, 166
Sannum, Eva, 172
Santángelo, duque de, 46
Santiago y Díaz de Mendívil, Fernando de, 131, 133
Sanz de Portolés, Alfonso, 183
Sartorius, Isabel, 162
Satrústegui, Joaquín, 44
Scheel, Walter, 120
Schmidt, Helmut, 154
Scott, Selina, 163, 164
Semprún, Jorge, 182
Sentís, Carlos, 138
Serra, Narcís, 152
Silva Muñoz, Federico, 90, 112, 129, 134
Simeón II, rey de Bulgaria, 28
Sinatra, Frank, 53
Sirikit, reina de Tailandia, 54
Solana, Javier, 162, 183
Solís Ruiz, José, 68, 89, 102
Spottorno, Rafael, 159, 172, 183, 188
Suárez, Adolfo, 112, 127-135, 137, 138, 140-143, 145, 146, 173

Tarradellas, Josep, 138, 153
Tejero Molina, Antonio, 140, 143, 145, 146
Tjessem, Mette-Marit, princesa de Noruega, 172
Torres, Diego, 187, 188
Tusell, Javier, 117, 130

Urbano, Pilar, 19, 31, 37, 49, 52, 79, 88, 100, 128, 165, 173-175, 177, 183-185, 190
Urcelay, Antonio, 104
Urdangarin, Iñaki, 183, 186-189
Uris, Leon, 33
Utrera Molina, José, 105, 112

Valenzuela, Joaquín, 144
Vicent, Manuel, 162
Victoria Luisa, princesa de Prusia, 46
Vilallonga, José Luis de, 74, 99, 120, 134, 146, 163-166
Villaescusa, Emilio, 134
Villahermoso, duque de, 46

Wagner, Robert, 53
Walters, Vernon, 111, 115
Wilson, Harold, 73
Windsor, Edward, duque de Kent, 31
Worsley, Katherine, 31
Würtemberg, Elizabeth von, duquesa de Würtemberg, 25, 27
Würtemberg, Karl de, duque de Würtemberg, 30

Zavala, José María, 70
Zayas, Carlos, 86
Zoitakis, Georgios, 78
Zurita, Carlos, 97